Le Service de Secours

DE LA

SOCIÉTÉ DE LA CROIX-ROUGE

DU JAPON

PENDANT L'INTERVENTION DES PUISSANCES EN CHINE

(1900-1901)

日本赤十字社

PARIS

A. PEDONE, ÉDITEUR

13, RUE SOUFFLOT, 13

—

1902

SOCIÉTÉ DE LA CROIX-ROUGE

DU JAPON

Le Service de Secours

DE LA

SOCIÉTÉ DE LA CROIX-ROUGE

DU JAPON

PENDANT L'INTERVENTION DES PUISSANCES EN CHINE

(1900-1901)

PARIS
A. PEDONE, Éditeur
13, Rue Soufflot, 13

1902

LE SERVICE DE SECOURS

SOCIÉTÉ DE LA CROIX-ROUGE DU JAPON

Pendant l'intervention des Puissances en Chine

(1900-1901)

AVANT-PROPOS

La Société de la Croix-Rouge du Japon, placée sous le haut patronage de Leurs Majestés Impériales l'Empereur et l'Impératrice du Japon, se trouve actuellement dans la vingt-cinquième année de sa fondation. La Société compte 800.000 membres et dispose d'un revenu annuel s'élevant à 2.400.000 *yen* (environ 42.400.000 francs).

L'historique de cette Société, ainsi que les services qu'elle a rendus pendant la guerre sino-japonaise de 1894-1895, ont déjà fait l'objet de différents rapports présentés dans les conférences internationales antérieures. Ce fut dans cette guerre qu'il lui fut donné de faire ses premières expériences en ce qui concerne les différents services de secours dans une guerre d'outre-mer. Elle sut profiter des expériences acquises pour améliorer les voies et moyens nécessaires à la poursuite de son but dans l'avenir, et, d'accord avec les autorités navale et militaire, elle dut, par suite, créer de nouvelles organisations et réglementations, lesquelles sont exposées dans *La Croix-Rouge en Extrême-Orient*, ouvrage

spécialement édité à l'occasion de l'exposition universelle de
Paris de 1900, et distribué à tous les comités centraux des
Sociétés étrangères de la Croix-Rouge.

Le mois de juin 1900 vit se dérouler dans le Nord de la
Chine le tragique événement qui nécessita bientôt le concours
de notre Société : cette nouvelle campagne fut la première
qui lui permit de faire les essais d'application des susdites
réglementations. C'est donc avec un certain intérêt qu'on
suivra les détails de cette dernière campagne ; on verra que
nos nouveaux règlements n'ont pas été inutiles, mais qu'au
contraire ils ont répondu pour le mieux au besoin des circonstances ; on verra aussi qu'il n'y a plus, pour l'instant du
moins, aucune modification ni aucun perfectionnement à
apporter à notre nouvelle organisation.

CHAPITRE PREMIER

Service de secours des bateaux d'évacuation.

---

§ 1. — Travaux du « Hakuai-Maru ».

La Société de la Croix-Rouge du Japon, à la suite des
expériences acquises au cours de la guerre sino-japonaise de
1894-95, ayant reconnu la nécessité des bateaux-hôpitaux
d'évacuation, avait fait spécialement construire en Angleterre, pour cette destination, deux bateaux à vapeur et les
avait ensuite revendus à la compagnie de navigation Nippon
Yusen Kaisha, moyennant un contrat spécial stipulant que si,
en temps ordinaire, cette dernière pouvait disposer des deux
bâtiments, elle les remettrait à notre Société, pourvus des
personnels d'équipage et du matériel nécessaire à la navigation, toutes les fois que celle-ci en aurait besoin (1).

Les deux bateaux ont rendu des services signalés pendant
le récent événement. Leur succès a plus que justifié la sage
prévoyance de M. le comte Sano, président de notre Société,
qui avait activé la réalisation de cette œuvre comme étant la
plus urgente qui nous incombait, après la guerre sino-
japonaise.

En juin 1900, les incursions des Boxers commencèrent
dans le nord de la Chine. La marine du Japon et les Puissances de l'Europe et de l'Amérique organisèrent une troupe
internationale sous le commandement du vice-amiral
Seymour et la firent avancer de Takou à Pékin, pour la
protection des légations étrangères. Mais les Boxers les cer-
nèrent et, renforcés par les soldats du gouvernement impérial

---

(1) *La Croix-Rouge en Extrême-Orient*, p. 111 et suiv.

chinois, essayèrent de couper toute relation entre Takou et Tientsin : c'est pourquoi la marine des différentes nations à Takou bombarda les forts et que commença l'intervention armée.

Les secondes troupes internationales d'Allemagne, d'Amérique, d'Angleterre et de Russie, opérant dès lors une marche forcée, rétablirent la communication entre la place de Takou et la concession étrangère de Tientsin le 23 juillet et, le 24, les premières troupes internationales revinrent, mais les Boxers et les soldats de l'armée chinoise impériale stationnaient euxmêmes dans la vieille ville fortifiée de Tientsin et se battirent très bravement, en prenant souvent l'offensive contre le quartier étranger et en le bombardant.

Notre gouvernement ordonna la formation d'un corps expéditionnaire improvisé d'environ 3,000 hommes pris dans la 5ᵉ division (11ᵉ régiment d'infanterie), qui fut embarqué à Ujina, dans la province de Hiroshima, sous le commandement du major général Fukushima. Ce corps débarqua à Takou le 23 juin et rejoignit directement les secondes troupes internationales à l'attaque de Tientsin.

Devant cette alarmante perspective qui lui faisait craindre un subit accroissement de malades et de blessés, la Société de la Croix-Rouge du Japon, en se conformant à la disposition de l'article 19 du *Règlement sur le service de secours en temps de guerre* (1), obtint, le 28 juin, des ministres de la guerre et de la marine, l'autorisation de placer le *Hakuai-Maru* sous le contrôle des autorités navale et militaire, pour qu'il vaquât au transport des malades et des blessés tant Japonais qu'étrangers.

Sur ce, notre Société se mit immédiatement en devoir d'équiper le *Hakuai-Maru*, après qu'elle l'eut requis à la compagnie Nippon Yusen Kaisha. Celle-ci dut rappeler par télégramme le bâtiment qui était en route pour Shanghaï. Alors, entre la compagnie et notre Société, il fut convenu d'appor-

---

(1) *La Croix-Rouge en Extrême-Orient*, p. 81 et suiv.

ter au bâtiment les modifications nécessaires à sa nouvelle destination ; les principales furent les suivantes :

1° La cheminée, au fond blanc, sera peinte en noir dans sa partie supérieure et deux croix seront dessinées en rouge au milieu.

2° L'extérieur du bateau sera peint en blanc, sauf une ligne rouge horizontale au milieu.

3° L'ameublement du salon sera entièrement conservé.

4° Des 17 cabines de première classe, trois de l'arrière et deux du premier pont seront seules conservées et les douze autres, devant être réservées aux malades et aménagées à cet effet, seront débarrassées des matelas, couvertures, lavabos, etc., et une nouvelle literie fournie par la Société de la Croix-Rouge sera placée dans chaque cabine.

5° Les trois cabines de première classe de l'arrière seront réservées au délégué et au secrétaire de la Société de la Croix-Rouge et les deux cabines de première classe du premier pont, aux officiers de la marine impériale et aux interprètes.

Le compartiment de la femme de chambre sera débarrassé de son lit et on y placera un lit à deux personnes, pris parmi ceux des cabines de deuxième classe. Le bureau du commissaire sera également évacué. Ces deux compartiments seront destinés à recevoir les médecins.

Trois des cabines de deuxième classe seront conservées et recevront les infirmiers en chef, l'infirmière en chef et les infirmières ; une autre de la même classe sera débarrassée des lits et transformée en réfectoire des infirmières avec une table en bois au milieu.

6° La salle à manger de deuxième classe sera complètement débarrassée de tout ce qui la garnit, même de la toile cirée ; celle-ci sera remplacée par de la toile neuve, qui sera peinte à trois couches. Des lampes électriques, à suspension mobile, seront installées dans cette pièce qui servira de chambre à opérations chirurgicales.

7° Le buffet sera enlevé de l'office de la salle à manger de deuxième classe et remplacé par une armoire pharmaceutique.

8° Les compartiments des passagers de troisième classe seront rétablis et on y mettra des paillasses et literies fournies par la Société de la Croix-Rouge.

9° Afin d'ouvrir une communication entre les cabines des passagers de deuxième et de troisième classes, la soute au charbon de réserve qui les sépare aura ses deux cloisons ouvertes et l'on fera un arrimage spécial du charbon qui y restera.

10° La première section de l'entrepont sera aménagée pour en faire une chambre d'isolement pour les maladies contagieuses ; le devant sera fermé au moyen d'une cloison en bois.

11° Dans la deuxième section du troisième pont, il y aura 35 lits pour infirmières, et l'on rétablira les séparations en toile.

12° Le bureau de détail sera rendu libre pour y placer le signaliste.

13° Un canot à vapeur sera chargé à bord.

14° Les vaisselles, en général, seront fournies par la Société de la Croix-Rouge, mais cependant on emploiera celles dont le bateau est déjà pourvu pour les première et deuxième classes.

15° Il y aura une provision d'aliments fortifiants : œufs, lait, gruau d'avoine, qui pourront être donnés aux malades et aux blessés sur la demande des médecins.

16° Le personnel de la Croix-Rouge à embarquer sera classé comme suit :

3 passagers de première classe.
9   —   seconde   —
47   —   troisième   —

Les malades et blessés à embarquer seront classés de la manière suivante :

Passagers de première classe : environ 24 Japonais et 12 étrangers.
   —   deuxième   —   —   100   —   50   —

Le bateau sera ravitaillé pour le nombre de bouches sus-indiqué et pour environ trois mois.

17° Le tarif de la nourriture des malades et des blessés sera ainsi fixé :

Pour les militaires japonais :

Un repas japonais de première classe, 30 *sen*.
    —   deuxième   20 *sen* (1).

Pour les étrangers :

Un repas européen pour officier,   2 *yen*.
    —   — sous-officier ou soldat, 1 *yen*.

18° Les prescriptions suivantes seront observées relativement à la *chambre à fabriquer la glace* à bord :

a) La chambre aura la capacité suffisante pour recevoir à son départ en campagne un approvisionnement d'environ 4.000 *kin* de viande et d'environ 500 *kin* de légumes frais.

---

(1) L'autorité militaire a ordonné à la Société de la Croix-Rouge de ne pas traiter mieux qu'elle-même les soldats et les officiers japonais ; il n'en est pas ainsi en ce qui concerne les officiers et soldats étrangers.

b) Il y aura, pour produire la glace, douze boîtes en fer-blanc larges de 1 *shaku* 6 *sun* (48 cent.) sur 2 *shaku* 5 *sun* de longueur (75 cent.). La congélation de l'eau devra s'obtenir en huit heures environ.

c) La glace fabriquée sera employée tant pour les traitements médicaux que pour la conservation des substances alimentaires.

d) On n'ouvrira pas la chambre plus de deux fois par jour.

Les modifications faites dans ces conditions ont nécessité pour les deux bateaux, le *Hakuai-Maru* et le *Kosai-Maru*, une dépense totale d'environ 1.000 *yen*, laquelle comprenait, il est vrai, certains frais de travaux non convenus tout d'abord. La Compagnie s'est chargée de la totalité de cette dépense, à titre de don à la Société de la Croix-Rouge.

Notre Société disposant des personnels et matériels nécessaires au service de secours qui sont préparés dès le temps ordinaire fut, à la veille même du jour de l'autorisation, en état de convoquer, au siège central de la Société, le personnel de secours qui se trouvait prêt pour le bateau-hôpital, afin de lui remettre sa feuille de service.

Le personnel était composé de la façon suivante :

Délégué	1
Médecin en chef	1
Médecins	3
Pharmacien	1
Pharmacien-assistant	1
Secrétaire	1
Infirmière en chef	1
Infirmiers en chef	2
Infirmières chefs d'escouade	1
Infirmiers chefs d'escouade	2
Infirmières	9
Infirmiers	28
Aiguiseur	1
Total	52

Il y avait, de plus, un blanchisseur, un coiffeur et deux interprètes.

Des instruments et des appareils de médecine et de chirurgie, des appareils pharmaceutiques et des médicaments, un matériel de pansement, des habits et de la literie, furent embarqués en assez grande quantité pour pouvoir subvenir aux besoins de 200 malades et blessés.

Les cabines de première classe situées à l'arrière, dans l'entrepont, furent changées en salles de malades n° 1, réservées à 45 officiers malades ou blessés ; les cabines de troisième classe, également situées à l'arrière, furent changées en salle de malades n° 2, destinées à 114 sous-officiers et soldats. Il y eut, en avant, une chambre d'isolement capable de contenir 42 malades contagieux.

A partir du quatrième voyage, il fut installé à bord une troisième salle de malades avec 46 lits pour sous-officiers et soldats.

L'équipement du *Hakuai-Maru* se fit, sans encombre, en trois jours. Parti de Yokohama le 1er juillet, à midi, le bateau arriva à Takou le 7, dans la matinée.

A la date du 29 juin, le ministre de la marine donna au commandant en chef de notre escadre active les sages instructions dont la teneur suit, relativement au contrôle et à l'utilisation du *Hakuai-Maru* ; il en communiqua une copie à notre Société.

Instructions de l'amiral Yamamoto-Gombei à l'amiral Togo-Heihachiro, commandant en chef de l'escadre active.

Le 29 juin 1900.

Je viens d'autoriser le comte Sano-Tsunetami, président de la Société de la Croix-Rouge du Japon, à envoyer à Takou, tant pour le service d'hospitalisation que pour celui d'évacuation des malades et des blessés, le *Hakuai-Maru*, bateau-hôpital appartenant à cette Société.

Vous êtes prié, à l'arrivée de ce bâtiment dans votre port, de veiller à son fonctionnement régulier, en lui donnant aide et facilités que vous jugerez à propos, pourvu toutefois qu'elles soient en conformité avec les instructions ci-jointes. Vous aurez soin d'informer du but de sa mission chacun de vos collègues étrangers, commandant en chef ou officier le plus élevé en grade.

Le Ministre de la marine,

Signé : Yamamoto-Gombei.

1° La Société de la Croix-Rouge du Japon n'est pas une institution de l'Etat, mais une œuvre privée, placée sous le contrôle commun des ministres de la guerre et de la marine.

2° Le *Hakuai-Maru* étant envoyé dans votre port par la Société de la Croix-Rouge du Japon, dont la demande, à cet effet, a été agréée par les chefs des départements de la guerre et de la marine, aucune espèce de frais ne pourra être supportée par l'Etat; c'est la susdite Société qui les prendra tous à sa charge.

3° Le *Hakuai-Maru* est revêtu d'un caractère cosmopolite; il recevra à son bord les malades et les blessés, soit japonais, soit étrangers, pourvu qu'ils soient militaires, marins, civils au service de l'armée ou de la marine, et même s'ils ne sont que de simples particuliers.

4° Bien que la Convention de La Haye, du 29 juillet 1899, appliquant à la guerre maritime les principes de la Convention de Genève du 21 août 1864 ne soit pas entrée en vigueur, l'échange de sa ratification n'ayant pas encore eu lieu, vous tiendrez, néanmoins, compte de l'esprit de cette convention tant que les circonstances vous le permettront.

5° Le *Hakuai-Maru* sera libre de ses mouvements; cependant, vous prendrez, de la façon la plus satisfaisante, les mesures nécessaires pour le mettre à l'abri de tout danger.

6° Vous pourrez, chaque fois que vous l'estimerez nécessaire, envoyer à bord du *Hakuai-Maru* des officiers, sous-officiers ou soldats pour les besoins du contrôle ou des correspondances, sans que, dans ce cas, aucun de ces envoyés ne puisse s'y rendre porteur de documents confidentiels.

Au cas d'ouverture d'hostilités, de nouvelles instructions vous seront adressées.

A l'arrivée à Takou du *Hakuai-Maru*, le commandant en chef de notre escadre active envoya, à la date du 7 juillet, une communication rédigée dans les termes suivants aux commandants en chef des forces navales étrangères en ce port :

Takou, le 7 juillet 1900.

« J'ai l'honneur de vous informer que le bateau-hôpital *Hakuai-Maru*, de la Société japonaise de la Croix-Rouge, est arrivé ce matin en notre port, pour faire le service d'hospitalisation et, s'il y a lieu, celui de transport des malades et des blessés.

» Je crois donc utile d'attirer votre bienveillante attention sur les observations ci-annexées, concernant le susdit bateau-hospitalier.

(Les observations dont il s'agit reproduisent les art. 1 à 4 des Instructions du ministre de la Marine.)

» En conséquence, je serais heureux de pouvoir accueillir toutes les propositions que vous me feriez l'honneur de m'adresser.

» J'ajoute que s'il vous plaît de visiter le bateau, vous y serez toujours le bienvenu.

» Veuillez, etc.

Signé : AMIRAL TOGO.

Cette lettre circulaire fut adressée aux vice-amiraux J. Hilterbrandt et Bendemann, aux contre-amiraux Courrejolles, James Bruce et Louis Kempff, commandants en chef respectifs des forces navales russe, allemande, française, anglaise et américaine, ainsi qu'aux commandants J. Casella et Konowits, représentant respectivement la marine italienne et la marine austro-hongroise.

Tous les commandants étrangers s'empressèrent de remercier cordialement l'amiral Togo de sa lettre circulaire. Les commandants anglais, italien, austro-hongrois et américain ajoutèrent qu'en cas de besoin, ils seraient heureux de profiter de cette offre du gouvernement japonais.

Le commandant français en voulant, dit-il, faire profiter de cette généreuse offre une vingtaine de blessés, demanda qu'ils fussent dirigés sur Hiroshima.

Le commandant russe assura que, vu les embarras qu'occasionnent les soins dus aux malades et aux blessés, un bon bateau-hospitalier organisé à leur profit était un progrès très considérable dans la guerre moderne.

Le commandant allemand déclara, qu'en cas de nécessité ultérieure, il n'hésiterait pas à recourir à l'offre gracieuse, mais qu'en ce moment-là même, il ne voyait pas cette nécessité, alors qu'un vapeur affrété était employé à transporter les blessés aux hôpitaux allemands de Yokohama et de Tsing-Tao.

Dès cette époque, le *Hakuai-Maru* effectua sept voyages de services entre Takou et Ujina, base d'opérations du corps expéditionnaire japonais.

Les tableaux suivants indiquent le nombre des malades et

des blessés de différentes catégories qui ont été recueillis à
à bord de ce bateau :

1ᵉʳ Transport.

Grades	recueillis à bord	guéris à bord	débarqués en route	décédés à bord	Transportés à Ujina
Officiers	8	»	4	»	4
Sous-officiers	15	»	3	»	12
Soldats	192	4	84	3	101
Civils au service de l'armée	3	»	»	»	3
Officiers français	2	»	»	»	2
Sous-officiers français	6	»	»	1	5
Soldats français	33	»	»	3	30
Divers	3	»	»	»	3
Total	262	4	91	7	160

2ᵉ Transport.

Grades	recueillis à bord	guéris à bord	débarqués en route	décédés à bord	Transportés à Ujina
Officiers	1	»	»	»	1
Sous-officiers	10	»	»	»	10
Soldats	128	»	»	4	124
Civils au service de l'armée	2	»	»	»	2
Soldats français	57	»	»	»	57
Total	198	»	»	4	194

3ᵉ Transport.

Grades	recueillis à bord	guéris à bord	débarqués en route	décédés à bord	Transportés à Ujina
Sous-officiers	11	»	»	»	11
Soldats	194	»	»	4	190
Civils au service de l'armée	4	»	»	»	4
Coolies	1	»	»	»	1
Divers	2	»	»	1	1
Total	212	»	»	5	207

4ᵉ Transport.

Grades	recueillis à bord	guéris à bord	débarqués en route	décédés à bord	Transportés à Ujina
Officiers	3	»	»	»	3
Sous-officiers	11	»	»	2	11
Soldats	154	»	»	»	152
Civils au service de l'armée	6	»	»	»	6
Coolies	12	»	»	»	12
Divers	8	»	»	»	8
Total	194	»	»	2	192

5ᵉ Transport.

Grades	recueillis à bord	guéris à bord	débarqués en route	décédés à bord	Transportés à Ujina
Officiers.	5	»	»	»	5
Sous-officiers	10	»	»	»	10
Soldats	192	»	»	2	190
Civils au service de l'armée.	7	»	»	»	7
Divers	3	»	»	»	3
Total.	217	»	»	2	215

6ᵉ Transport.

Grades	recueillis à bord	guéris à bord	débarqués en route	décédés à bord	Transportés à Ujina
Officiers.	5	»	»	»	5
Sous-officiers	13	»	»	»	13
Soldats	182	»	»	»	182
Civils au service de l'armée.	14	»	»	»	14
Divers	7	»	»	»	7
Total.	221	»	»	»	221

7ᵉ Transport.

Grades	recueillis à bord	guéris à bord	débarqués en route	décédés à bord	Transportés à Ujina
Officiers	1	»	»	»	1
Sous-officiers.	10	»	»	»	10
Soldats	207	»	»	1	206
Civils au service de l'armée.	9	»	»	»	9
Divers	5	»	»	»	5
Total.	232	»	»	1	231

Tableau récapitulatif des sept transports.

Numéros d'ordre	recueillis à bord	guéris à bord	débarqués en route	décédés à bord	Transportés à Ujina
1ᵉʳ transport	262	4	91	7	160
2ᵉ transport	198	»	»	4	194
3ᵉ transport	212	»	»	5	207
4ᵉ transport	194	»	»	2	192
5ᵉ transport	217	»	»	2	215
6ᵉ transport	221	»	»	»	221
7ᵉ transport	232	»	»	1	231
Total.	1536	4	91	21	1420

Quand la mer se trouva obstruée par les glaces, à Takou, le *Hakuai-Maru* reçut, à la date du 2 novembre, l'ordre de suspendre momentanément son service, dont il fut définitivement libéré le 2 avril suivant.

Le *Hakuai-Maru* était muni de treuils élévateurs pour faciliter l'embarquement et le débarquement des malades et des blessés. Il n'eut cependant occasion de s'en servir que pour un seul débarquement, opéré à Ujina, lors de son premier voyage. Les fois suivantes, le transport des malades et des blessés d'une certaine gravité se fit à dos d'homme ou avec un brancard, par une passerelle installée du coupé du bateau au pont du canot à vapeur.

Dans la totalité des malades et des blessés recueillis et soignés à bord, les blessés figuraient pour un quart environ et les malades pour les trois quarts.

Les cas les plus nombreux de maladies étaient ceux de dysenterie, de maladies des intestins et de l'estomac, de béribéri, de typhus, de maladies des organes respiratoires, de la malaria et d'affections de l'appareil digestif.

A la fin de chaque voyage, les appartements des malades et des blessés étaient complètement nettoyés ; la chambre des malades contagieux, avec sa literie, était soumise à une fumigation à vapeur de formaline, suivie d'une désinfection médicamenteuse. L'habillement, la literie et le matériel de pansement, dont la stérilisation à vapeur était nécessaire, étaient soumis à cette opération dans la chambre à désinfection à vapeur.

§ 2. — Travaux du « Kosai-Maru ».

Après avoir équipé et livré au service le *Hakuai-Maru*, notre Société jugea nécessaire de tenir prêt un deuxième bateau-hôpital, le *Kosai-Maru*, à entrer en campagne au premier ordre.

Elle y songeait lorsque, bien à propos, ledit bateau venait d'arriver à Yokohama pour s'y pourvoir d'appareils désinfecteurs. Il fut immédiatement réquisitionné pour le service de la Société. Les travaux de modifications en vue des aménagements semblables à ceux du *Hakuai-Maru*, commencés dès le 28 juin, furent terminés le 13 juillet.

Le personnel de secours, qui était prêt à être embarqué à bord du *Kosai-Maru*, fut convoqué le 3 juillet. Il s'exerça à bord, toute la journée du 14, aux divers services qui allaient lui incomber.

A la suite de la déclaration faite alors par notre Société aux autorités compétentes, au sujet de toutes les dispositions prises pour la mise en service du bateau, les ministres de la guerre et de la marine donnèrent, à la date du 16, l'ordre d'affecter celui-ci au service de transport et de secours des malades et des blessés dans les mêmes conditions que le *Hakuai-Maru*.

Le *Kosai-Maru* avait son personnel et son matériel analogues à ceux du *Hakuai-Maru* avec cette seule différence qu'il disposait d'un interprète et d'un infirmier en moins.

Il y a un détail à noter : si le *Hakuai-Maru* avait comme médecin-chef M. Iwaï, attaché en permanence à l'hôpital-annexe de la Société de la Croix-Rouge, le *Kosai-Maru* sut s'attacher, en cette qualité, M. Yoshida-Kenzô, médecin de réserve de la Société, qui, tout propriétaire qu'il était d'un important hôpital à Osaka, deuxième capitale de l'Empire, répondit au premier appel et donna ses services gratuitement.

Les feuilles de service furent distribuées, le 20 juillet, aux membres du personnel de secours du *Kosai-Maru*; deux jours après, le 22, le bateau partit de Yokohama et arriva à Takou le 28.

Par une communication rédigée dans le même sens que pour le *Hakuai-Maru*, l'amiral Togo, commandant l'escadre japonaise, avisa de l'arrivée d'un deuxième bateau-hôpital ses collègues, les commandants des forces navales étrangères à Takou, lesquelles s'empressèrent de l'en remercier. Les commandants français et autrichien lui confièrent le soin de transporter un certain nombre de malades et de blessés.

Le *Kosai-Maru* opéra sept voyages entre Takou et Ujina, du 28 juillet au 18 novembre. Les malades et les blessés qu'il eut à transporter ou à soigner, se trouvent répartis dans les tableaux suivants :

1er Transport.

Grades	recueillis à bord	guéris à bord	débarqués en route	décédés à bord	Transportés à Ujina
Officiers	3	»	»	»	3
Sous-officiers	11	»	»	»	11
Soldats	144	»	»	»	144
Civils au service de l'armée.	6	»	»	»	6
Officiers français.	1	»	»	»	1
Sous-officiers français . . .	1	»	»	»	1
Soldats français	18	»	»	»	18
Coolies	1	»	»	»	1
TOTAL.	182	»	»	»	182

2e Transport.

Grades	recueillis à bord	guéris à bord	débarqués en route	décédés à bord	Transportés à Ujina
Officiers	11	»	»	1	10
Sous-officiers	11	»	»	»	11
Soldats	154	»	»	1	153
Civils au service de l'armée.	11	»	»	»	11
Sous-officiers autrichiens .	1	»	»	»	1
Soldats autrichiens	1	»	»	»	1
Coolies	1	»	»	»	1
Divers	2	»	»	»	2
TOTAL.	192	»	»	2	190

3e Transport.

Grades	recueillis à bord	guéris à bord	débarqués en route	décédés à bord	Transportés à Ujina
Sous-officiers	8	»	»	»	8
Soldats	176	»	»	2	174
Civils au service de l'armée.	6	»	»	»	6
Soldats français	5	»	»	»	5
Coolies	6	»	»	»	6
Divers	5	»	»	»	5
TOTAL.	202	»	»	2	200

4ᵉ Transport.

Grades	recueillis à bord	guéris à bord	débarqués en route	décédés à bord	Transportés à Ujina
Officiers	1	»	»	»	1
Sous-officiers	7	»	»	»	7
Soldats	101	»	»	»	101
Civils au service de l'armée	11	»	»	»	11
Divers	2	»	»	»	2
TOTAL	122	»	»	»	122

5ᵉ Transport.

Grades	recueillis à bord	guéris à bord	débarqués en route	décédés à bord	Transportés à Ujina
Officiers	5	»	»	»	5
Sous-officiers	10	»	»	»	10
Soldats	157	»	»	»	157
Civils au service de l'armée	10	»	»	»	10
Coolies	11	»	»	»	11
Divers	8	»	»	»	8
TOTAL	201	»	»	»	201

6ᵉ Transport.

Grades	recueillis à bord	guéris à bord	débarqués en route	décédés à bord	Transportés à Ujina
Officiers	8	»	»	»	8
Sous-officiers	15	»	»	»	15
Soldats	166	»	»	1	165
Civils au service de l'armée	11	»	»	1	10
Coolies	3	»	»	»	3
Divers	10	»	»	»	10
TOTAL	213	»	»	2	211

7ᵉ Transport.

Grades	recueillis à bord	guéris à bord	débarqués en route	décédés à bord	Transportés à Ujina
Officiers	8	»	»	»	8
Sous-officiers	16	»	»	»	16
Soldats	169	»	»	»	169
Civils au service de l'armée	7	»	»	»	7
Coolies	5	»	»	»	5
Divers	6	»	»	1	5
TOTAL	211	»	»	1	210

TABLEAU RÉCAPITULATIF DES SEPT TRANSPORTS.

Numéros d'ordre	recueillis à bord	guéris à bord	débarqués en route	décédés à bord	Transportés à Ujina
1er transport	182	»	»	»	182
2e transport	192	»	»	2	190
3e transport	202	»	»	2	200
4e transport	122	»	»	»	122
5e transport	201	»	»	»	201
6e transport	213	»	»	2	211
7e transport	211	»	»	1	210
TOTAL	1323	»	»	7	1316

Durant l'hiver, où la mer était prise à Takou, le *Kosai-Maru* dut suspendre son service ; il n'en fut définitivement libéré qu'à la date du 2 avril suivant.

À bord du *Kosai-Maru*, l'embarquement et le débarquement des malades et des blessés s'opérèrent à peu près de la même façon qu'à bord du *Hakuai-Maru*. Cependant, le *Kosai-Maru* avait cela de particulier, qu'il faisait usage d'un brancard nouveau modèle, susceptible d'être monté ou descendu à volonté, au moyen d'un treuil élévateur. De plus, il faisait accoster le canot à vapeur contre son bord, près de la chambre d'isolement des malades contagieux, de façon que ceux-ci pussent être descendus ou montés, et cela, ou par l'échelle, si leur état le permettait, ou au moyen du treuil élévateur, dans le cas contraire.

La proportion des malades et des blessés aussi bien que la nature des maladies pour le *Kosai-Maru* étaient identiques à la remarque faite à ce sujet pour le *Hakuai-Maru*.

À bord du *Kosai-Maru*, on procédait de la manière suivante pour l'assainissement des appartements des malades, après leur débarquement : après une ventilation suffisante par les sabords tout ouverts, on répandait du lait de chaux sur le plancher, quelques heures après on y répandait de l'émeri, puis on frottait avec du sable, on lavait à l'eau de mer et on arrosait avec de l'eau phéniquée ; on essuyait enfin avec des torchons imbibés d'eau phéniquée.

On sortait des appartements les matelas, couvertures,

oreillers, housses de lit, vêtements de malades, etc., pour les exposer au soleil sur le pont, excepté ceux qui avaient servi aux malades contagieux. Ces derniers effets, ainsi que tous ceux qui étaient souillés, étaient soumis à la désinfection à vapeur. Les lits et les plafonds étaient frottés avec des torchons imbibés d'eau phéniquée.

Ceux des matelas, couvertures et vêtements, etc., qui étaient trop souillés d'évacuations provenant des malades soit contagieux, soit non contagieux furent, après leur désinfection, rendus au dépôt de matériel de la Société.

Dans un coin de la chambre d'isolement des malades contagieux, on avait installé un réservoir d'eau en fer, pour que les médecins et infirmiers pussent avoir à leur portée de l'eau nécessaire à la purification des mains.

§ 3. — Notes communes au « Hakuai-Maru » et au « Kosai-Maru ».

On voit, par ce qui précède, que les deux bateaux hospitaliers, préparés par notre Société, à la suite des expériences de la guerre de 1894-1895 qui lui en avait fait sentir la nécessité, ont eu un plein succès dès leurs premiers essais d'utilisation. Dès le début, les ministères de la guerre et de la marine s'adressèrent exclusivement à ces deux bâtiments pour rapatrier les malades et les blessés d'une certaine gravité, ne voulant confier aux transports militaires que les malades et les blessés moins graves et cela dans le seul cas où nos bateaux-hôpitaux, déjà bondés de monde, ne pouvaient plus en recevoir davantage.

En laissant, en temps ordinaire, ces derniers à la disposition de la compagnie Nippon Yusen Kaisha pour ne les utiliser elle-même qu'en cas de besoin, notre Société, qui n'était point sûre du résultat de ce procédé, put en constater l'excellence pendant le récent événement, car non seulement le procédé adopté ne fut point nuisible au prompt équipement des bateaux, mais encore au double point de vue de la navigation et des affaires courantes à bord, il eut cet avantage inappréciable d'avoir les bateaux avec leurs personnels d'équipage, depuis le capitaine et le commissaire jusqu'aux matelots, tous bien exercés à la manœuvre et habitués à leurs services.

Ce qui mérite encore une considération très attentive par rapport à ce procédé, ce sont les dépenses qu'il entraîne et qui résultent de la convention intervenue entre notre Société et la compagnie de navigation. Il avait été convenu que les deux bateaux, cédés à la compagnie au prix d'achat, remboursable à la Société en vingt annuités, seraient remis à la disposition de cette dernière, moyennant un prêt calculé à raison de 13 *sen* 1/2 par tonne et par jour, à condition toutefois que les soldes du personnel d'équipage et tous les autres frais nécessaires à la navigation seraient laissés à sa charge. Le *Hakuai-Maru* jaugeant 2.636 tonnes 13 et le *Kosai-Maru* 2.635 tonnes 18, le fret total est donc de 711 *yen* 658 par jour.

La nourriture du personnel de secours embarqué ainsi que celle des malades et des blessés, passagers à bord, était payable par la Société de la Croix-Rouge, comme il est stipulé dans le contrat.

A toutes ces dépenses, il fallait en ajouter diverses autres, telles que droits de mouillage, achat de charbon, frais de fournitures, de matériels de secours, de correspondance, de transports, soldes de personnels de secours et divers autres frais nécessaires.

Les dépenses totales atteignaient ainsi des chiffres considérables : l'affrètement du *Hakuai-Maru*, pour 136 jours, s'élevait à la somme de 109.854 *yen* ou 807 *yen* 75 *sen* par jour, et l'affrètement du *Kosai-Maru* à celle de 102.617 *yen* ou 814 *yen* 42 *sen* par jour.

Ces dépenses, divisées par 1.536 malades et blessés recueillis à bord du *Hakuai-Maru* et par 1.323 recueillis à bord du *Kosai-Maru*, représentaient donc par tête 7 *yen* 152 pour les premiers et 7 *yen* 70 pour les seconds.

Les fonctionnaires civils et militaires, les correspondants de journaux, etc., furent autorisés à prendre passage à bord des deux bâtiments, chaque fois qu'il y avait en leur faveur une recommandation provenant de l'autorité navale ou militaire.

Il est vrai que ce fait, déclaré inadmissible par le traité de La Haye, lequel étend à la guerre maritime les principes de la convention de Genève de 1864, ne devrait point être invoqué comme antécédent dans une véritable guerre. Si l'on s'est permis pareille dérogation aux principes, c'est parce que, juridiquement parlant, l'incident du nord de la Chine ne rentrait pas dans les cas de la guerre proprement dite.

CHAPITRE II

Travaux du personnel de secours envoyé auprès de la Direction des Transports et Communications à Takou.

§ I. — Service pendant la marche.

Conformément au *Règlement sur le service de secours en temps de guerre*, le Comité central de la Société de la Croix-Rouge du Japon travaille, de concert avec les Comités locaux ou départementaux, à préparer et à compléter les personnels et les matériels nécessaires à l'organisation des 260 détachements de secours, de manière qu'ils puissent répondre aux besoins de toute l'armée impériale de terre (1).

Les susdits détachements sont destinés à assister le service médical dans les hôpitaux militaires et à faire le service d'escorte et d'évacuation des malades et des blessés ; ils doivent également accomplir toutes les autres œuvres de secours que les autorités militaires viennent leur confier.

Le personnel de chaque détachement est fixé comme suit :

Médecins	2
Pharmacien-assistant	1
Infirmier ou infirmière (en chef)	1
Infirmiers ou infirmières (dont un chef d'escouade)	10
Secrétaire	1
Coolies	2
Total	17

Toutefois, les autorités militaires qui requièrent le concours de la Société de la Croix-Rouge peuvent ou maintenir telle quelle l'organisation des détachements de secours qui

____

(1) *La Croix-Rouge en Extrême-Orient*, p. 83.

leur sont donnés, ou diviser et grouper à volonté ces détachements.

Il arrive d'ailleurs que des détachements envoyés dans une localité par les autorités militaires soient, à leur arrivée, réorganisés en des groupes plus nombreux. De même, ces autorités peuvent demander purement et simplement un certain nombre de médecins ou d'infirmiers sans les constituer en un corps.

A la date du 20 juin, la Société donna discrètement à ses comités locaux des instructions nécessaires pour qu'ils tinssent prêts à partir, au premier ordre, les hommes destinés à former des détachements de secours.

Comme nous l'avons déjà dit, après la prise de Takou, les Boxers et les réguliers chinois prirent l'offensive et interceptèrent toute communication entre Takou et Tientsin. Du 1er au 14 juillet, il faut compter au moins six combats acharnés qui eurent lieu de part et d'autre ; notre corps expéditionnaire improvisé, qui rejoignit les troupes internationales, joua un rôle très important, surtout dans la prise de la ville de Tientsin (13 et 14 juillet) où il eut, pour sa propre part, un total de 141 morts et 417 blessés. Cependant, vu les troupes considérables des Boxers et des soldats chinois qui se trouvaient campés entre Tientsin et Pékin, il fallait une armée internationale immense, pour arriver à pouvoir secourir les légations étrangères à Pékin. Aussi, les gouvernements des différentes Puissances ont-ils décidé d'expédier aussitôt des troupes auxiliaires; mais, leurs pays se trouvant plus ou moins éloignés de la Chine, et, d'un autre côté, la situation des légations devenant de jour en jour plus précaire, le gouvernement impérial du Japon fut sollicité de la part de quelques Puissances d'expédier au plus vite une grande force armée. En vue d'une telle éventualité, notre gouvernement donna son premier ordre de mobilisation, dès le 26 juin, à toute la 5e division et, le 5 juillet, la mobilisation était entièrement effectuée. Après avoir constaté qu'aucune Puissance n'y faisait d'objection, la division fut expédiée d'Ujina le 13 juillet et, le 17 du même mois, elle débarquait à Takou.

Il fut décidé que les troupes alliées des Puissances partiraient le 4 août de Tientsin, pour aller délivrer les légations à Pékin.

La marche des forces alliées vers Pékin fut des plus pénibles. De nombreux soldats succombaient à la suite des marches forcées, quand ils ne succombaient pas au feu de l'ennemi. La chaleur était extrême et les Boxers et les soldats chinois interceptaient les chemins en plusieurs endroits; cependant la situation des légations étrangères ne permettait aucun délai.

Le 5 août, Pei-Son fut pris; par Yong-Sung et Hsi-Ho-Mou, les forces alliées arrivèrent et, après un combat acharné, occupèrent la ville de Tong-Tséou. L'assaut de Pékin, commencé le 14, se continua pendant trois jours avant qu'on pût arriver à secourir complètement les légations.

L'organisation sanitaire de notre 5me division se composait, en plus du personnel sanitaire attaché aux troupes combattantes, d'un corps sanitaire, de deux hôpitaux de campagne sous la direction du chef du service médical de la division, d'un personnel sanitaire de réserve, d'une colonne de transport des malades et des blessés et d'un train des équipages de réserve pour service de santé, le tout sous la direction du chef du service médical des étapes.

Après le débarquement à Takou, une infirmerie fut établie en cet endroit avec le personnel de la colonne de transport et un hôpital fut également constitué à Hsi-Kou, avec l'une des deux organisations du même nom.

Lorsque la division commença sa marche vers l'intérieur, un hôpital d'étape fut établi à Tientsin et à son arrivée à Yong-Sung, un hôpital de cantonnement y fut organisé. Quand elle arriva à Tong-Tséou, l'hôpital de cantonnement y fut transféré et un hôpital sédentaire de campagne établi à Yong-Sung. Quand la division, continuant son chemin, arriva aux murailles de Pékin, un hôpital de campagne fut ouvert devant le port de la ville, l'hôpital de Tong-Tséou fut transformé en hôpital sédentaire de campagne et l'hôpital de campagne de Yong-Sung, converti en une simple infirmerie de halte.

Après la prise de Pékin, un hôpital de cantonnement fut établi à l'intérieur de la ville, la zone d'étape fut étendue en avant et le deuxième hôpital d'étape (premier à Tientsin) établi à Tong-Tséou.

A mesure que l'organisation sanitaire de la division se porta en avant, des besoins de personnel se manifestèrent en arrière et le personnel de notre Société fut appelé à prêter son aide.

Le ministre de la guerre donna à notre Société, en date du 24 juillet, l'ordre ainsi conçu :

La Société de la Croix-Rouge est priée d'envoyer pour le service de secours, sous les ordres de la Direction des Transports et Communications, à Takou, un délégué, dix médecins, un pharmacien-assistant, deux infirmiers en chef et trente infirmiers. Les médecins seront employés sous les ordres du chef de ladite Direction, soit au service à bord des transports militaires, soit à n'importe quel service de secours sur terre. Les personnes composant ce détachement auront, à leur arrivée à Ujina et à Takou, à en faire déclaration aux Directions des T. et C. de ces localités.

On voit qu'il s'agissait d'une demande d'hommes faite à notre Société, indépendamment de l'organisation des détachements de secours réglementaires.

M. Ogata-Korekiyo fut désigné comme délégué de la Société, laquelle lui adjoignit un secrétaire, à partir du 19 septembre. Une partie des hommes demandés fut fournie par le Comité central et le reste choisi dans les personnels des détachements appartenant aux comités locaux d'Osaka, Nagoya, Hiroshima, Ishikawa, Toyama, Nagasaki, Kumamoto et Kagawa.

Le personnel ainsi réuni fut convoqué le 30 juillet au Comité central à Tokyo et constitué en un corps qui s'appela « Personnel de secours envoyé à Takou ». Le président de la Société, en remettant les feuilles de service au personnel, leur adressa des observations concernant les nouveaux devoirs professionnels qui allaient leur incomber.

La mission se mit en route le lendemain, passa à Hiroshima le 1er août et, embarquée le 2 à bord du transport militaire *Sahura-Maru*, arriva à Takou le 8 août.

Quatre jours après son arrivée à destination eut lieu le combat de Tong-Tséou et, six jours après, Pékin était pris.

Ce premier groupe de personnel de secours envoyé en Chine fut aussi employé le premier au service sur terre, service des plus compliqués et des mieux remplis, car c'était à l'époque où les chocs étaient aussi fréquents que terribles entre les Chinois et les troupes alliées.

L'étendue de terre désignée sous le nom générique de Takou se compose des trois villages de Tong-Kou, de Hsi-Kou ou Hsi-Ta-Kou (c'est-à-dire Takou occidental) et de Tang-Kou. Le premier village est situé à l'embouchure du fleuve et Hsi-Kou au milieu des deux autres. Ce dernier a été occupé par l'armée japonaise. Les Russes ont occupé Tang-Kou, tête de la ligne du chemin de fer allant à Tientsin.

Notre Direction des T. et C. de Takou était installée dans une vaste habitation à Hsi-Kou; elle avait à sa tête le colonel d'artillerie Sena, qui prévint le délégué de notre Société de la prochaine arrivée de nombreux blessés provenant des combats livrés au nord de Tientsin depuis deux ou trois jours et recueillis à l'hôpital de cette ville; les instructions suivantes lui furent, en outre, données :

1° Se charger des soins médicaux dus au personnel du bureau et aux hommes engagés au service de la Direction des T. et C. de Takou.

2° Désigner un agent responsable qui puisse prendre, d'accord avec l'officier chargé de l'administration sanitaire de la Direction des T. et C. de Takou, toutes les mesures nécessaires à la sécurité sanitaire générale de cette direction.

3° Donner des secours aux malades et aux blessés se trouvant près du bureau de section de Tang-Kou (de la Direction des T. et C. de Takou) et y détacher, à cet effet, un certain nombre de médecins et d'infirmiers.

4° Soigner les malades et les blessés à leur station à Hsi-Kou,

5° Envoyer à Tientsin des médecins ou infirmiers pour escorter l'évacuation des malades et des blessés et les embarquer ensuite à bord du bateau-hôpital au large, en face de Takou.

6° Se tenir prêts à escorter et à soigner, à bord des transports militaires se rendant de Takou à Ujina, les malades et les blessés évacués soit de Tientsin, soit de Hsi-Kou.

La Direction des T. et C. fort occupée, par suite de l'affluence journalière des affaires, entretenait un nombreux personnel de bureau et un nombre considérable d'hommes engagés à son service. Aussi avait-elle, dans son sein, plus de trente cas de maladies par jour. Il fallut aménager une habitation pour y installer, dès le 12 août, un bureau de consultation composé de deux médecins et de deux infirmiers. On y vit arborer un drapeau national et un drapeau de la Croix-Rouge avec une pancarte portant l'inscription suivante :

Bureau de consultation, tenu pour les malades de la Direction des T. et C. de Takou, par le personnel de secours de la Croix-Rouge du Japon.

A Tang-Kou, nous avions des officiers, des soldats et des coolies au service de l'armée, au nombre d'environ 100 hommes, occupés au service des chemins de fer. Le 12 août, on reçut l'ordre d'y détacher un médecin et deux infirmiers, pour donner des soins médicaux aux malades de cette colonie. Là encore, il y eut un bureau de consultation ouvert ; un drapeau national et un drapeau de la Croix-Rouge en indiquaient, aux passants, l'existence.

Quant à la station des malades de Hsi-Kou, elle en recevait journellement une quarantaine, officiers, sous-officiers et coolies. Dès le 24 août, notre personnel de secours dut, sur l'ordre du Directeur des T. et C., se charger des traitements médicaux de ces malades, le médecin militaire qui était affecté à ce service devant suivre la troupe expéditionnaire à Tientsin. Il fallut, en conséquence, détacher un médecin et trois infirmiers à Hsi-Kou.

Depuis le 10 août jusqu'à l'arrivée d'un nouveau personnel de secours de la Croix-Rouge en mission à Tientsin, l'activité déployée par celui de Takou, pour le service d'escorte des malades et blessés de Tientsin à Takou, se traduit par la fréquence des va-et-vient entre ces deux villes, ainsi qu'on le verra ci-après :

Le 10 août, un médecin et six infirmiers, détachés à Tientsin, en ramènent 148 malades à Takou, qu'ils embarquent à bord du bateau-hôpital *Kosai-Maru*.

Le 20 août, un médecin et trois infirmiers, envoyés à Tientsin, en ramènent 200 malades à bord du bateau-hôpital *Hakuai-Maru*.

Le 28 août, un médecin, envoyé à Tientsin avec deux infirmiers, ramènent 100 malades qu'ils embarquent à bord du transport militaire *Eljo-Maru*, avec 16 autres malades pris à la station de Hsi-Kou.

Le 1er septembre, un médecin et deux infirmiers, envoyés à Tientsin, en ramènent 101 malades et les embarquent à bord du bateau-hôpital *Kosai-Maru*.

Les cinq détachements de secours qui reçurent, le 20 août, l'ordre de partir pour Tientsin, passèrent le 1er septembre par Takou et arrivèrent, le 2, à Tientsin.

Désormais, le service d'escorte des malades de Tientsin à Takou, incombant exclusivement à ces détachements, le personnel de secours en mission à Takou fut occupé en service d'escorte des malades et des blessés à bord des transports militaires entre Takou et Ujina, sans toutefois préjudicier aux différents services sur terre à Takou et mentionnés plus haut.

Voici l'état des services du personnel de secours envoyé auprès de la Direction des T. et C. à Takou depuis cette époque jusqu'au 7 décembre, date à laquelle il reçut l'ordre de se transporter à Shan-Hai-Kouan :

N⁰ˢ d'ordre	DATES des départs de Takou	DESIGNATION des bâtiments	COMPOSITION du personnel d'escorte		MALADES transportés
			médecins	infirmiers	
1ᵉʳ voyage	14 août	Kagoshima-Maru	1	2	84
2ᵉ »	16 août	Wakanoūra-Maru	1	2	37
3ᵉ »	18 août	Matsuyama-Maru	2	6	129
4ᵉ »	24 août	Tenshin-Maru	2	6	158
5ᵉ »	26 août	Kinshu-Maru	1 infirm-chef	2	156
6ᵉ »	4 sept.	Eijo-Maru	1	4	125
7ᵉ »	4 sept.	Sakata-Maru	»	1	11
8ᵉ »	11 sept.	Kagoshima-Maru	1	3	95
9ᵉ »	14 sept.	Ninsen-Maru	2	4	107
10ᵉ »	22 sept.	Tenshin-Maru	1	2	52
11ᵉ »	14 oct.	Asagao-Maru	2	4	93
12ᵉ »	19 oct.	Ninsen-Maru	1	2	50
13ᵉ »	9 nov.	Kokura-Maru	1	3	74
14ᵉ »	28 nov.	Wakanoūra-Maru	1	2	45

§ 2. — SERVICE PENDANT L'HIVERNAGE.

A l'approche de la saison d'hiver, l'embouchure du Pei-Ho se trouvant fermée par la glace, l'armée internationale jugea nécessaire de modifier sa ligne d'étapes afin de maintenir la communication sur terre et sur mer, et elle décida d'aller occuper Shan-Hai-Kouan. Une flotte et une troupe alliées partirent de Takou le 1ᵉʳ octobre, et le lendemain les forts de Shan-Hai-Kouan acceptèrent toutes les propositions de la flotte anglaise, qui était partie en avant, de sorte que la flotte alliée s'empara des forts sans coup férir ; plus tard, ceux-ci furent remis à l'armée internationale.

La veille de cette expédition, c'est-à-dire le 30 septembre, la Direction des T. et C. ordonna au délégué de notre Société à Takou d'adjoindre au contingent japonais, fort de deux compagnies d'infanterie, un médecin et deux infirmiers pris parmi notre personnel de secours envoyé à Takou et munis d'un certain matériel médical. Ils furent embarqués sur le *Satsuma-Maru* avec les compagnies et le détachement japonais restant à Shan-Hai-Kouan.

Le 16 octobre, la station de malades de Hsi-Kou fut convertie en une annexe de l'hôpital d'étapes de la 5ᵉ division à Tientsin ; le personnel de la Croix-Rouge n'en continua pas moins à y assurer le service médical.

Le 27 octobre, le ministre de la guerre donna l'ordre suivant à notre Société :

Je fais rentrer au Japon le délégué attaché au personnel de secours de la Société que j'avais fait envoyer auprès de la Direction des T. et C. à Takou ; je fais détacher dudit personnel cinq médecins, un infirmier en chef et dix-sept infirmiers à Tientsin pour qu'ils puissent aider les travaux du service de santé dans la zone d'étapes de la 5ᵉ division. Il est toutefois entendu, qu'au printemps, dès que le service des transports maritimes sera repris à Takou, un personnel nécessaire sera rappelé à la Direction des T. et C.

Le 27 octobre de la 33ᵉ année de Meiji (1900).

Le Ministre de la guerre,
Signé : Vicomte KATSURA-TARO.

Or, l'exécution de cet ordre présentait bien des difficultés, car des 45 hommes qui composaient primitivement le personnel de secours de la Croix-Rouge envoyé à Takou, il n'en restait plus que 31 présents dans cette localité, les autres ayant été ou rapatriés pour cause de maladies, ou détachés à Shan-Hai-Kouan, ou étant alors en service à bord des bâtiments. Cet effectif restreint se décomposait ainsi : un délégué, cinq médecins, un secrétaire, un pharmacien-assistant, un infirmier en chef et vingt-trois infirmiers.

Il eût été impossible de détacher d'un personnel déjà si restreint les hommes demandés par le Ministre de la guerre sans réduire encore son effectif à un secrétaire, un pharmacien-assistant et six infirmiers, ce qui eut rendu impossible toute assistance à Takou.

Il fallut soumettre cette difficulté à l'examen de la direction de santé militaire, au ministère de la guerre, afin de s'en rapporter à sa décision ; cette décision fut la suivante :

Le nombre d'hommes prescrit par l'ordre ministériel sera néanmoins maintenu pour être d'abord envoyé à Tientsin, d'où une partie disponible de ce même groupe d'hommes sera, de nouveau, détaché à Takou, selon les besoins de cette dernière localité.

Les instructions rédigées dans ce sens furent donc expédiées au commandant en chef de la 5ᵉ division.

Notre Société transmit au délégué Ogata le susdit ordre du Ministre de la guerre, en lui prescrivant de s'entendre avec le directeur des T. et C. à Takou. De son côté, celui-ci entra à ce sujet en pourparlers avec la direction de santé militaire, au ministère de la guerre, et il s'ensuivit que le 17 novembre on désigna d'abord le personnel à détacher à Tientsin en exécution de l'ordre du Ministre de la guerre et que, dans ce personnel, on prit deux médecins et deux infirmiers pour renforcer le personnel de secours restant à la Direction des T. et C. de Takou.

Le 19 novembre, on supprima successivement le bureau des consultations médicales de Hsi-Kou dont s'était chargé le personnel de secours en mission à Takou et celui de Tang-Kou ; la fermeture de ce dernier coïncida également avec celle de la succursale à Tang-Kou de la Direction des T. et C. à Takou, et les affaires de ces bureaux furent remises à l'hôpital-annexe de Hsi-Kou.

Cet hôpital-annexe fut transféré dans un spacieux bâtiment appartenant à un riche négociant indigène ; son nouveau local pouvait aisément contenir cent lits. Cet hôpital fut aussi chargé du service de santé des personnels de la Direction des T. et C. à Takou.

Le délégué de la Société, en remettant le service au secrétaire Kohashi-Tadasu, quitta Takou, le 21 novembre, pour rentrer au Japon.

Conformément à l'ordre précédemment donné, le personnel de secours restant à Takou et prêt à partir le 7 décembre pour Shan-Hai-Kouan, voulait monter, ce même jour, la chaloupe à vapeur *Nitto-Maru*, qui devait le reconduire à bord du vapeur *Kokura-Maru*, mouillé au large, en face de Takou ; mais la mer, à l'embouchure du fleuve, venait de geler, par suite du froid devenu plus intense, à cause de la neige tombée depuis plusieurs jours et d'une forte bise du Nord.

On eut une extrême difficulté pour arriver à rejoindre le *Kokura-Maru*, ainsi que l'on va s'en rendre compte par la lecture de l'émouvant rapport fait à ce sujet et reproduit ci-après :

« Le 7 décembre, beau temps, bien qu'il fasse un vent violent depuis la nuit ; le froid rigoureux a congelé tout ce qu'il y avait de liquide ; la mer, trop houleuse, empêche la chaloupe *Nitto-Maru* de prendre le large.

» Le 8 décembre, beau temps ; froid intense, vent fort toute la journée. Tout le cours du fleuve Pei-Ho s'est gelé, emprisonnant dans la glace tous les bateaux, grands et petits, qui s'y trouvaient ancrés. Nous avons attendu en vain, qu'à quatre heures de l'après-midi, la marée montante vint briser la glace. Celle-ci se maintenant, force nous fut d'ajourner notre départ.

» Le 9 décembre, beau temps ; le froid s'est légèrement adouci. A trois heures, à la marée montante, nous nous embarquons à bord du *Nitto-Maru*, quittons Hsi-Kou et forçons la route en avant, à travers une glace épaisse d'environ quinze centimètres. Nous dépassions d'environ trois cents mètres le fort du Nord, situé à l'embouchure du Pei-Ho et occupé par le Japon, lorsque des glaçons nous barrèrent le chemin et nous forcèrent de rebrousser chemin pour aller à grand'peine nous réfugier près du susdit fort où nous débarquâmes.

» Là, nous avons eu, pour passer une nuit glaciale, une chambre délabrée, avec un misérable feu de charbon.

» Le 10 décembre, beau temps ; froid rigoureux. Par la marée montante de six heures du matin, nouvelle tentative de sortie. Partis en avant du fort, nous nous étions avancés de deux cents mètres environ en brisant la glace ; soudain, des glaçons arrêtant notre marche, nous dûmes retourner au fort pour attendre la marée montante de quatre heures du soir.

» A cette heure-là, deux remorqueurs tentaient de communiquer avec leur bateau mouillé en dehors du port et cherchaient à se frayer une route, en marchant à une vitesse maxima. Notre canot crut devoir profiter de la route qu'ils faisaient et il la suivit.

» Les obstacles furent insurmontables ; personne ne réussit à sortir du port. Tous revinrent à leurs points de départ.

» Il nous fallut encore une fois passer la nuit dans le fort.

» Le 11 décembre, beau temps. Nous vîmes un vapeur anglais de 500 tonnes environ qui cherchait à sortir du fort. Il passa à trois heures du matin devant nous ; notre canot, voulant avancer à sa suite, partit à quatre heures. Le bateau anglais, arrivé à 400 mètres environ au-delà du fort, se vit arrêté à cause des glaçons et de la marée basse. Notre canot força sa machine et se dirigea seul. Il fit ainsi environ six cents mètres ; il était déjà midi, mais, entouré de glaçons, il lui fut impossible de se déplacer et il dut rester immobile.

» Enfin, à deux heures de l'après-midi, un canot à vapeur russe, monté par des officiers et des matelots, cherchait à rejoindre un navire en dehors du port. Il s'efforça de percer une route à travers une surface glacée ayant une épaisseur d'environ trente centimètres et parfois d'environ un mètre (là où les glaçons étaient superposés) et s'étendant, au large, à un demi-mille de l'embouchure. Engagé résolument dans ce milieu impénétrable, il s'y trouvait fort embarrassé quand, par une manœuvre habile, il réussit à se frayer un chemin dans une sorte de courant où la glace se trouvait moins épaisse. Mais, délivré du plus grand obstacle, il espérait sortir du port au moment où, par malheur, il alla s'échouer sur de nouveaux glaçons.

» Notre canot, qui suivit la route du russe, parvint à grand'peine à atteindre le *Kohura-Maru* ; il était alors neuf heures du soir. »

Le 13 décembre, le personnel de secours, envoyé à Shan-Hai-Kouan, y installa provisoirement un poste de secours, au profit du personnel de la Direction des T. et C.; il prit en même temps les mesures nécessaires pour pouvoir détacher, au premier ordre, des hommes qui seraient chargés du service d'escorte des malades à bord des transports allant à Ujina.

Un bataillon du train des équipages à pied (le 3ᵉ bataillon), qui était attaché au service de la direction, avait un médecin civil, lequel avait été simplement engagé au service de l'armée, sans faire partie du personnel de secours de la Croix-Rouge.

Notre personnel s'entendit avec ce médecin pour refondre en un seul les deux services qui étaient distincts et pour ouvrir, dès le 2 janvier, une infirmerie susceptible d'admettre environ dix malades et portant la dénomination de *Poste de consultations médicales dépendant de la Direction des T. et C.*

Dès que le froid se fait sentir fort à Shan-Hai-Kouan, la mer y forme un banc de glace large d'environ un kilomètre, à partir du rivage. D'ailleurs, le manque d'abri pour les bateaux rend leur mouillage dangereux et le débarquement très difficile. La Direction des T. et C. dut installer un bureau dans l'île de Chen-Huang-Tao, située à environ douze kilomètres de la porte de la citadelle de Shan-Hai-Kouan. Mais, là encore, la mer gelée le long de la côte nous obligea d'interrompre, du 1ᵉʳ au 11 février, notre service d'escorte de malades par mer.

Le 13 février, le bureau de consultations médicales fut transféré à plus de six kilomètres de la porte ouest de Shan-Hai-Kouan et prit le nom d'*Hôpital d'étapes de Shan-Hai-Kouan*. Le dixième détachement de secours envoyé par la Croix-Rouge du Japon à Tientsin fut envoyé à cette ambulance où il fit son service du 19 février au 16 mars. Pendant ce temps, il continua de rester toujours sous la direction du délégué mis à la tête des détachements de secours en service à Tientsin.

Le 27 février, on apprit que l'embouchure du Pei-Ho était dégelée.

Il fut décidé que la Direction des T. et C. se transporterait après le 20 mars à Takou, en laissant à Shan-Hai-Kouan une partie du bataillon du train à pied. Aussi notre personnel de secours (celui qui fait l'objet du présent chapitre), après avoir détaché à Shan-Hai-Kouan un médecin et deux infirmiers, s'embarqua le 22 mars, à bord du *Sakura-Maru* et débarqua le lendemain à Takou.

La Direction des T. et C., qui avait été installée à Hsi-Kou, fut, après le dégel du fleuve, rétablie à Tang-Kou, laissant seulement un bureau auxiliaire à l'ancienne localité.

Le service des transports devant recommencer à Takou, les hommes, détachés à Tientsin par notre personnel de secours envoyé auprès de la Direction de T. et C. à Takou, reçurent l'ordre de retourner à cette dernière ville où ils arrivèrent tous le 29 mars.

Le 1er avril, on ouvrit à Tang-Kou le bureau des consultations pour les malades de la Direction des T. et C. et notre personnel de secours fut chargé du service de ce bureau, où il détacha deux médecins, un pharmacien-assistant et sept infirmiers. Ils eurent à donner des soins aux malades de la Direction et à ceux des troupes à Tang-Kou. D'un autre côté, deux médecins, un infirmier en chef et six infirmiers furent détachés à Hsi-Kou pour assister le service de l'annexe Hsi-Kou de l'hôpital d'étapes de la 5e division et pour s'occuper en même temps des malades des troupes de cette dernière localité.

Le personnel de secours, envoyé auprès de la Direction des T. et C., à Takou, a opéré, antérieurement à la fermeture du Pei-Ho, quatorze fois, à bord des transports, le service d'escorte des malades rapatriés, ainsi que l'indique le tableau précédent. Après son arrivée à Shan-Hai-Kouan, le 13 février 1901, il a fait le service trois fois (15e, 16e et 17e voyages) et après son retour à Takou, encore trois fois (18e, 19e et 20e voyages), comme le tableau suivant va le montrer :

N°s d'ordre	DATES des voyages	DÉSIGNATION des bâtiments	Désignation du personnel		MALADES
			médecins	infirmiers	
15° voyage	23 déc. 1900	Asagao-Maru	1	1	6
16° voyage	12 mars 1901	Wakanoura-Maru	1	2	14
17° voyage	13 mars 1901	Kokura-Maru	1	1	10
18° voyage	2 avril 1901	Kokura-Maru	1	4	76
19° voyage	7 avril 1901	Sakura-Maru	1	4	70
20° voyage	14 avril 1901	Wakanoura-Maru	2	5	107

A la date du 29 mars, le ministre de la guerre prescrivit le licenciement du personnel de secours envoyé en mission auprès de la Direction des T. et C. à Takou. En conséquence, notre Société envoya le lendemain au susdit personnel l'ordre de départ, qui lui parvint le 6 avril. Le directeur des T. et C. fixa au 14 avril le départ du personnel. Celui-ci s'embarqua à Takou avec 14 malades, à bord du *Wakanoura-Maru* qui y était arrivé le 12 de Shan-Hai-Kouan, avec 13 malades escortés par un médecin, celui-là même qui y avait été précédemment laissé.

Le personnel au complet arriva donc le 17 avril à Hiroshima, où il fut licencié le 21 par M. Egi, chef du comité local agissant au nom du président de la Société.

Ce personnel eut neuf mois de service en Chine, où il était arrivé pendant la pleine période de guerre, ce qui fit qu'il eut à vaquer à un service multiple et compliqué; en dehors de sa principale occupation, qui était d'escorter par mer les malades à bord des transports, il eut sur terre à se mettre à la disposition d'une administration militaire dépourvue de service de santé, à organiser pour elle des bureaux aux postes de consultations médicales et aussi à faire le service d'escorte des malades et des blessés entre Tientsin et Takou.

Souvent il eut à travailler, abandonné à lui-même, sans avoir de médecin militaire qui lui commandât.

En un mot, ce personnel, dont la constitution en détachement de secours régulier n'avait pas été autorisée, laissait, tel qu'il était organisé, beaucoup à désirer au point de vue des hommes et du matériel dont il pouvait disposer.

———

CHAPITRE III

Travaux du détachement de secours envoyé à Tientsin.

§ 1er. — Service pendant le cantonnement.

Peu après la prise de Pékin, c'est-à-dire le 20 août, notre Société fut invitée à assister le service médical dans la circonscription des étapes de la 5ᵉ division et reçut l'ordre de constituer cinq détachements de secours composés d'infirmiers.

Ces détachements devaient desservir les hôpitaux à Tientsin et en même temps se tenir prêts à être envoyés servir là où les circonstances l'exigeraient.

Notre Société donna aux comités locaux d'Osaka, Hiogo, Ishikawa, Hiroshima et Kagawa toutes les instructions nécessaires pour qu'ils organisassent chacun un détachement de secours et elle nomma, à cet effet, M. Yoshikawa-Motowo, gérant du comité local d'Ehime, comme délégué de la Société.

Les sept premiers détachements ayant été affectés au service de secours à l'intérieur du Japon (comme on le verra dans le chapitre suivant), celui formé à Osaka devint le détachement nº 8, celui de Hiogo le nº 9, celui d'Ishikawa le nº 10, celui de Hiroshima le nº 11 et celui de Kagawa le nº 12.

Les cinq détachements ainsi formés eurent dès lors un effectif total se décomposant ainsi :

Délégué	1
Médecins	10
Secrétaires	3
Pharmaciens-assistants	5
Infirmiers en chef	5
Chefs d'escouade d'infirmiers	5
Infirmiers	45
Total	74

Les cinq détachements, partis d'Ujina le 26 août, arrivèrent à Tientsin le 2 septembre.

A cette époque le canon venait à peine de se taire et l'atmosphère sentait encore la poudre et le sang. On procédait activement à l'évacuation des malades et des blessés que l'on embarquait aussi nombreux que possible à chaque voyage du *Hakuai-Maru* et du *Kosai-Maru* et sur plusieurs autres transports de l'Etat. Mais, dans la seule ville de Tientsin, il y avait encore 300 malades que soignaient seulement trois médecins militaires restés à l'hôpital d'étapes, la plupart des membres du service de santé ayant dû suivre l'armée dans sa marche en avant. Les infirmiers étaient également réduits à un nombre très restreint. Le service médical était, on le voit, surchargé de travail dans cette partie de la circonscription des étapes. Aussi l'arrivée de nos détachements de secours fut-elle reçue avec beaucoup de joie.

Il convient, de même, de noter ici un accueil excessivement bienveillant fait par notre autorité militaire en Chine à nos détachements de secours. Nommons, entre autres, MM. Akiyama, inspecteur des étapes de Tientsin, Arai, directeur du service médical, et Miyake, directeur de l'ambulance d'étape, qui ont bien voulu leur assurer aide et protection, ce qui a beaucoup facilité le bon fonctionnement de nos personnels et ce qui a resserré entre eux et l'autorité militaire les liens de l'amitié.

Dès le 3 septembre, un bureau fut installé dans le service de l'inspection militaire des étapes et le délégué de la Société ainsi que trois secrétaires purent y prendre leur service.

Les détachements n°s 8, 9, 10 et 11, rattachés à l'hôpital d'étapes de Tientsin, furent désorganisés et leur personnel réparti entre l'ambulance et ses quatre annexes, au prorata des besoins.

Le 6 septembre, le détachement de secours n° 12 tout entier reçut l'ordre de rejoindre l'hôpital sédentaire de campagne de Tong-Tséou où, le 13, un médecin, un infirmier chef d'escouade et quatre infirmiers furent attachés, et un médecin, un pharmacien assistant, un infirmier chef et cinq infirmiers furent chargés du service d'escorte des malades et des blessés.

Voici un tableau récapitulatif des travaux de secours des cinq détachements :

SERVICE DE TIENTSIN	MALADES ET BLESSÉS SECOURUS	TOTAL DES JOURNÉES DE TRAITEMENT	EFFECTIF DU PERSONNEL DE SECOURS	TOTAL DES JOURNÉES D'HOMMES DE SECOURS
Tientsin . . .	2.382	34.797	60	9.497
Tong-Tséou . . .	1.331	7.974	14	2.632
Shan-Haï-Kouan .	14	630	13	507

Le tableau suivant donne le nombre de transports effectués et le nombre de malades et de blessés transportés de Tong-Tséou à Tientsin et de Tientsin à Takou.

Entre Tong-Tséou et Tientsin.

Nombre de transports effectués 11
Nombre de malades et blessés transportés . . . 594

Entre Tientsin et Takou.

Nombre de transports effectués 22
Nombre de malades et blessés transportés. . . 1836

Le rapport du délégué Yoshikawa à notre Société donne en détail les renseignements relatifs au fonctionnement du service des détachements de secours. Il peut se résumer comme suit :

« Les cinq détachements, en arrivant à Tientsin, durent y prendre le service à l'hôpital d'étape et à ses quatre annexes. Ils trouvèrent que ces dernières, à l'exception de celle n° 3, réservée aux maladies contagieuses, étaient d'une construction à l'européenne assez bien appropriée à leur destination. L'annexe n° 3 était installée dans une maison chinoise ordinaire qui, outre sa malpropreté, était très insuffisamment aménagée.

» Il fallut bien cependant, avec le peu de moyens dont on disposait, s'occuper de la désinfection de ce local et de la préservation des maladies. Il serait impossible de décrire toutes les peines que l'autorité compétente eut à supporter pour vaincre les difficultés qui se présentèrent.

» A l'arrivée de nos détachements de secours à Tientsin, l'intérieur et l'extérieur de la citadelle de Tientsin, de même que la concession internationale de Tsu-Chu-Lin se trouvaient complétement déserts, car la majorité des indigènes qui avaient fui n'y étaient pas encore de retour ; les boutiques étaient fermées, les marchandises mélangées pèle-mêle. On ne trouvait ni aliments, ni vaisselles, ni ustensiles d'usage journalier. On fut donc obligé, pour répondre à la nécessité présente, d'employer comme vaisselle de table les assiettes et ustensiles de chirurgie.

» Il faut ajouter à cela que, par la chaleur tropicale qu'il faisait (90° F. et au-dessus pendant le jour) l'eau devait nécessairement manquer. On n'en trouvait que juste ce qu'il fallait pour assouvir la soif ; un peu de thé ou d'eau chaude était un précieux rafraichissement. Il n'y avait pas à songer, naturellement, à pouvoir prendre un bain, ni même à se laver un peu le corps, et l'on se trouvait dans l'impossibilité de pouvoir faire laver les vêtements et le linge.

» Il fallait, par conséquent, se refuser les soins de propreté du corps et des vêtements et continuer cependant ses occupations journalières dans ce milieu pestilentiel, sur cette terre étrangère dont les conditions climatériques sont toutes différentes des nôtres. A évoquer seulement ce souvenir, même aujourd'hui , il y a de quoi en frémir !

» Il est heureux encore que notre personnel, placé dans ces conditions désavantageuses, ait eu la force d'endurer toutes ces privations et ces souffrances sans trop altérer sa santé.

» On a vu que la plupart des membres du personnel étaient attachés à l'hôpital et à ses annexes et s'occupaient du service intérieur des secours. Mais les médecins Kubo et

Sawaki et leurs groupes attachés à l'annexe n° 4 faisaient le service d'escorte des malades et des blessés, le premier entre Tientsin et Takou et le second entre Tong-Tséou et Tientsin (par eau).

« Le 12ᵉ détachement, rattaché à l'hôpital sédentaire de campagne de Tong-Tséou, avait à rejoindre ce poste, juste au moment où des Boxers insoumis apparaissaient çà et là, commettant des meurtres et se livrant au pillage. La route qu'il devait suivre n'offrant aucune sécurité, force lui était, pour atteindre cette localité, distante seulement de 24 ou 25 ri (95 à 100 kilomètres), de remonter en bateau le cours du fleuve Peï-Ho et de mettre, par suite de ce détour, une semaine entière à accomplir ce trajet plein de périls, et s'exposer, surtout la nuit, à des surprises des Boxers.

« A Tong-Tséou, la situation locale était plus affreuse qu'à Tientsin et les difficultés de la vie matérielle plus grandes encore ; c'est ainsi qu'on ne trouvait même pas toujours d'eau potable. »

§ 2. — SERVICE PENDANT L'HIVERNAGE.

Si, jusqu'à l'hiver, il n'y avait pas eu d'encombrement de malades ni de blessés à Tientsin, c'était grâce à la prévoyante sollicitude de l'autorité compétente qui procédait très rapidement à leur évacuation. Mais on devait penser que pendant l'hiver un nombre considérable de malades et de blessés resteraient sur place, surtout quand on considérait que sur 5.155 d'internés à l'ambulance de Tientsin, depuis juillet jusqu'à la fin de novembre où l'on dut arrêter l'évacuation, 4.049 avaient été évacués.

Aussi, en prévision de l'hivernage, l'autorité compétente arrêta-t-elle les mesures nécessaires pour pouvoir recueillir et traiter nos malades et blessés à Pékin ; ainsi qu'un nombre d'environ 600 à Tientsin et 100 à chacune des trois autres localités de Tong-Tséou, Hsi-Ta-Kou et de Shan-Haï-Kouan.

Mais la saison de la glace et de l'hivernage se passa d'une façon tout à fait imprévue: le nombre des malades et des blessés diminua dans une si forte proportion que Tientsin n'en eut guère plus d'un cent, chiffre constamment maintenu, et que Tong-Tséou comme Hsi-Takou, n'en eurent pas plus de 40 à 50.

Ce résultat devait provenir, d'une part, de la diminution de l'effectif de notre corps expéditionnaire dont presque la moitié avait été rapatriée au mois de novembre et, d'autre part, de la stabilité du climat, favorable à la santé, ainsi que du ravitaillement devenu plus régulier.

C'est ainsi que, pendant l'hivernage, les hôpitaux occupant moins leurs personnels, les médecins civils et militaires attachés à leur service ont pu s'entendre entre eux, pour s'en détacher un moment et se rendre à Pékin, à Tientsin et à Yong-Sung, où ils ont visité les ambulances étrangères, étudié leur organisation et leur fonctionnement.

De leur côté, des médecins des armées étrangères ont visité, à maintes reprises, nos ambulances et annexes.

Ces visites échangées ont permis à nos médecins, comme à leurs confrères étrangers, de tirer réciproquement d'utiles enseignements de leurs observations et d'adopter ce qui paraissait mieux chez les uns que chez les autres, en ce qui concerne le service de santé en campagne.

Puisque l'état sanitaire des troupes était pendant l'hivernage tel que nous l'avons mentionné ci-dessus, il n'y eut pas une augmentation sensible de malades, après le dégel, c'est-à-dire au mois de mars 1901 : à Tientsin, on en comptait seulement 200, y compris ceux qui y étaient envoyés de Pékin et de Tong-Tséou, et ce nombre ajouté à celui des malades présents dans les autres parties de la circonscription d'étapes, ne donnait guère qu'un total de 350.

§ 3. — VISITE D'UN ENVOYÉ SPÉCIAL DE L'EMPEREUR AUX MALADES ET AUX BLESSÉS.

En septembre 1900, Sa Majesté l'Empereur daigna envoyer au Nord de la Chine S. E. Okazawa, son aide-de-camp général, pour porter des paroles impériales de soulagement et d'encouragement au corps expéditionnaire.

L'envoyé de Sa Majesté profita de cette occasion pour visiter, le 14 septembre, l'hôpital d'étapes et ses annexes à Tientsin et adressa aux infirmiers en chef et aux autres plus élevés en grade une allocution à peu près dans les termes suivants :

Vous savez sans doute déjà dans quelle intention bienveillante Leurs Majestés Impériales ont daigné m'envoyer ici. Je suis heureux d'avoir pu aujourd'hui constater *de visu* le dévouement et le zèle dont vous faites preuve dans l'exercice de vos fonctions et qui ne se sont jamais démentis depuis votre arrivée.

A mon retour, qui aura lieu incessamment, je ne manquerai pas de rendre personnellement compte à Leurs Majestés de la manière dont vous vous acquittez de votre service. Je vous souhaite de persévérer dans votre zèle pour continuer votre service et remplir fidèlement vos devoirs.

Le jour suivant, le 15, S. E. Okazawa, en se remettant en route pour rentrer, adressa au délégué Yoshikawa, qui le reconduisait à bord, des paroles pleines de bonté que voici : « Je ferai à Sa Majesté l'Impératrice un rapport circonstancié sur la manière dont fonctionne votre personnel et qui, j'en suis convaincu, fera plaisir à Sa Majesté, car Elle daigna s'y intéresser tout particulièrement. »

L'envoyé fit distribuer un don impérial de cigarettes et d'eau minérale aux membres des détachements de secours, de même qu'aux troupes.

Dans le cours de leur mission, nos détachements ont perdu 1 chef d'escouade d'infirmiers qui est décédé, 1 secrétaire, 1 chef infirmier et 9 infirmiers libérés du service et

rapatriés pour raison de santé. Mais ces pertes n'ont nulle-
ment nui au fonctionnement régulier du service, qui a été
rempli de la façon la plus satisfaisante.

Leur licenciement fut notifié par le ministre de la guerre
à notre Société, le 1er mars, et l'ordre de départ, envoyé au
délégué, lui parvint le 13. Mais le temps exigé par la rentrée
des personnels détachés à Tong-Tséou et à Shan-Haï-Kouan
a dû retarder le départ de Tientsin de tous les détachements
jusqu'au 27, pour qu'ils n'arrivassent à Ujina que le 2 avril.
Le 6 avril, les détachements furent licenciés à Hiroshima
par S. E. Hanabusa, vice-président de la Société.

CHAPITRE IV

Travaux du personnel de secours envoyé auprès de la Direction des Transports et Communications à Ujina.

En avril 1901, les rebelles de différentes localités chinoises étaient déjà réprimés, mais les Puissances poursuivirent encore les négociations auprès du gouvernement chinois ; dans les sphères militaires, il s'agissait de remplacer des garnisons par de nouvelles avant que la saison des pluies commençât. Ainsi l'œuvre de transport sur mer devait commencer de nouveau. Les deux bateaux-hôpitaux, le *Hakuai-Maru* et le *Kosai Maru*, qui avaient été équipés par notre Société pour le service d'évacuation des malades et des blessés, ayant été définitivement déchargés de cette mission, le 2 novembre, époque où l'embouchure du Pei-Ho fut tout à fait fermée, notre Société les rendit à la compagnie de navigation Nippon Yusen Kaisha, qui les employa, comme avant leur réquisition, pour son propre service. Le *Hakuai-Maru* faisait le service sur la ligne de Shanghai, et le *Kosai-Maru* sur celle de Formose, lorsqu'en avril 1901, notre autorité militaire se vit dans la nécessité d'utiliser à nouveau le service du *Kosai-Maru* et de l'un de nos personnels de secours, quoique ce fût, cette fois, dans une toute autre condition que lors de leur dernière campagne.

L'autorité militaire décida donc de réquisitionner, en même temps qu'un personnel de secours de notre Société, le bâtiment en question pour son propre compte et non plus comme bateau-hospitalier de la Croix-Rouge, — afin de l'affecter au service de transport des malades et à la transmission des dépêches.

Entre le Gouvernement et la compagnie Nippon Yusen

Kaisha, il existe un arrangement qui oblige celle-ci, sous certaines conditions, à mettre à la disposition de l'État, en cas de guerre ou d'événement grave, tous ses bâtiments à l'exception du *Hakuai-Maru* et du *Kosai-Maru*, tant que ceux-ci se trouveront occupés par la société de la Croix-Rouge. Il en résulte que, pendant ce temps, l'État même n'a pas le droit de se servir de ces deux bateaux.

En revanche, il appartient à la compagnie Nippon Yusen Kaisha de disposer librement des deux bateaux dont il s'agit, pendant tout le temps que la Société de la Croix-Rouge en suspend l'usage.

Maintenant pourquoi l'armée n'a-t-elle pas repris l'un de ces deux bâtiments, en tant que bateau-hôpital de la Croix-Rouge? Il y a, au moins, deux motifs qui expliquent la mesure prise par l'armée : 1° elle a voulu se réserver la liberté de transporter par ce bateau un certain nombre de soldats valides, en même temps que malades ; 2° elle a voulu payer elle-même l'affrètement pour épargner autant que possible à la Société de la Croix-Rouge les ressources dont elle dispose.

Le 4 avril, le ministre de la guerre donna à notre Société l'ordre suivant :

La Société de la Croix-Rouge du Japon est priée d'envoyer à la Direction des T. et C. à Ujina, pour y être attaché, un personnel composé d'un médecin, d'un pharmacien, d'un pharmacien-assistant, d'un chef infirmier, d'un secrétaire et de vingt infirmiers. Il sera chargé d'assister, à bord du *Kosai-Maru* devenu transport militaire, le service d'évacuation des malades et le service de secours ; à bord, il sera nourri aux frais de l'État. La Société fera le nécessaire pour que le personnel complet puisse être rendu à Ujina avant le 12 courant. Celui-ci aura soin de déclarer son arrivée au directeur des T. et C.

Pour se conformer à cet ordre, notre Société choisit un médecin, un pharmacien et un pharmacien-assistant dans le personnel de réserve attaché à son hôpital et convoqua le nombre voulu d'infirmiers, parmi ceux qui avaient déjà acquis des expériences de service à bord du *Hakuai-Maru* ou du *Kosai-Maru*.

Les 25 membres composant le personnel reçurent leurs feuilles de service, le 10 avril, au comité central de la Société. Le personnel fut désigné sous la dénomination de *personnel de secours envoyé auprès de la Direction des T. et C. à Ujina*. Les fonctions de délégué furent confiées au médecin Majima-Takuro. En l'absence de l'organe d'action que la Société avait installé à Hiroshima, mais qui venait d'être complètement supprimé, elle dut confier au chef du comité local de Hiroshima le soin d'expédier les affaires administratives concernant le susdit personnel de secours et demandant à être réglées dans le lieu de sa mission.

Le personnel, arrivé le 12 à Ujina, reçut du directeur des T. et C. à Ujina l'ordre de s'embarquer à bord du *Kosai-Maru* et d'effectuer des traversées entre Ujina, Shan-Hai-Kouan et Takou, pendant lesquelles il devait aider, sous la direction d'un médecin-major et d'un infirmier-chef de 1re classe, le service d'escorte de malades militaires à bord. Sitôt embarqué, notre personnel s'occupa à faire subir les transformations nécessaires au bateau pour lui permettre de recevoir des malades, car en tant que paquebot au service de la Compagnie, nous l'avons déjà dit, le *Kosai-Maru* est presque totalement dépourvu des aménagements indispensables qu'il avait eus comme bateau-hôpital de la Société de la Croix-Rouge. Ces préparatifs furent terminés le 13.

Sur la demande de la direction du service de santé militaire, notre Société mit à la disposition du ministère de la guerre une chaudière à désinfection, des paillasses et des oreillers appartenant à la Société, lesquels, conservés à bord du bateau, purent aussitôt être utilisés.

A bord, on fit des installations suffisantes pour admettre environ 100 malades, en plus de soldats valides. Les cabines de première classe de tribord furent destinées aux officiers malades et celles de deuxième classe de babord aux sous-officiers de maladies graves. Dans l'entrepont, une chambre sur tribord fut spécialement réservée pour les sous-officiers et soldats dangereusement atteints ; sur babord se trouvait

une autre chambre destinée aux sous-officiers et soldats
légèrement malades. A l'avant, était installée une chambre
d'isolement pour malades contagieux. Il y avait, en outre,
une pharmacie et une chambre à opérations chirurgicales
servant également de chambre de consultations médicales.
On avait, comme matériel, trois cantines médicales de campagne.

Le bateau accomplit trois voyages intéressant notre service de secours :

1er Voyage.

Départ d'Ujina, 16 avril.

Arrivée à Takou, par Shan-Haï-Kouan, 21 avril.

Départ de Takou, avec 115 malades (tous sous-officiers ou soldats),
24 avril.

Arrivée à Ujina, 28 avril.

2e Voyage.

Départ d'Ujina, 4 mai.

Arrivée à Takou, par Shan-Haï-Kouan, 9 mai.

Départ de Takou, avec 106 malades (3 officiers, 103 sous-officiers
ou soldats), 11 mai.

Arrivée à Ujina, 15 mai.

3e Voyage.

Départ d'Ujina, 28 mai.

Arrivée à Takou, 1er juin.

Départ de Takou, avec 105 malades (1 officier, 104 sous-officiers ou
soldats), 5 juin.

Arrivée à Ujina, 8 juin.

Le 6 juin, le ministre de la guerre donna l'ordre de décharger de sa mission le personnel de secours envoyé auprès de
la Direction des T. et C., à Ujina. Le 9, à l'arrivée du bateau
à Ujina, cette nouvelle fut communiquée aux intéressés par
le directeur des T. et C. Notre personnel resta à Hiroshima
jusqu'au 12 pour mettre de l'ordre dans les affaires restant à
régler et rentra à Tokyo le 14. Le 15, il fut licencié au comité
central de la Société.

CHAPITRE V

Travaux des détachements de secours et corps spécial d'infirmières à Hiroshima.

———

Tout d'abord le Ministre de la guerre avait décidé de confier à la Société japonaise de la Croix-Rouge tous les malades et les blessés des nationalités étrangères qui seraient dirigés sur Ujina par le *Hakuai-Maru* et le *Kosai-Maru*. Après une entente préalable avec la susdite autorité, le comité central de notre Société envoyait, le 15 juillet, à Hiroshima un détachement de secours dans le but d'organiser, avec notre personnel et notre matériel, un hôpital susceptible de recevoir les malades et blessés de cette catégorie, et de l'installer à proximité du débarcadère d'Ujina.

Mais ultérieurement, le ministère de la guerre revint sur sa décision et décida que tous les malades et blessés étrangers seraient traités par les soins de l'Etat; il donna, le 17 juillet, au détachement de secours envoyé par notre Société, l'ordre de se mettre à la disposition du service de santé militaire à Hiroshima.

Adjoint au personnel de l'hôpital militaire de réserve de la 5ᵉ division, le susdit détachement fut chargé des soins des 36 premiers malades et blessés français. Ce fut le détachement n° 1. Par exception, et à cause du genre tout spécial des services qu'il avait à rendre, il s'était attaché un interprète avec l'autorisation du directeur général de santé militaire.

Le 22 juillet, notre Société ayant reçu l'ordre d'organiser un nouveau détachement destiné à assister le service de santé militaire de la 5ᵉ division, elle télégraphia au comité local de Hiroshima pour l'inviter à mobiliser un détachement de secours qu'il tenait prêt et qui devait désormais porter le n° 2.

Le 14 août parut l'ordre de mettre sur pied pour le même but cinq autres détachements de secours. Des instructions télégraphiques furent aussitôt données aux cinq comités locaux d'Osaka, Shimane, Okoyama, Kyôto et Nagoya, afin qu'ils fournissent chacun leur contingent d'un détachement. Le détachement de Shimane porta le n° 3 ; celui de Okoyama le n° 4 ; celui d'Osaka le n° 5 ; celui de Kyôto le n° 6, et celui de Nagoya le n° 7.

Les six détachements n°ˢ 2 à 7 furent affectés au service de secours des malades et des blessés japonais internés à l'hôpital militaire de réserve de la 5ᵉ division.

M. Kuroda-Tsunahiko, membre du comité exécutif de la Société et directeur du dépôt de Hiroshima, fut chargé de la surveillance des détachements de secours en service dans cette localité. Il fut remplacé, à partir du 23 août, par M. Yamakami-Kaneyoshi, autre membre du même comité.

§ 2. — CORPS SPÉCIAL D'INFIRMIÈRES.

En général, un détachement de secours comprend 10 infirmiers ou infirmières et, à leur tête, 1 infirmier ou infirmière en chef.

Les sept détachements de secours envoyés à Hiroshima étaient exclusivement composés d'infirmières et représentaient un effectif total de 7 infirmières en chef et 70 infirmières.

L'hôpital militaire de réserve de Hiroshima ayant nécessité le concours d'un plus grand nombre d'infirmières, l'autorité compétente réclama, à la date du 1ᵉʳ août, l'envoi à cette destination d'un renfort de 3 infirmières en chef et de 30 infirmières.

Notre Société dut organiser, à cet effet, un corps spécial d'infirmières, subdivisé en 3 sections, chacune d'une infirmière en chef et de 10 infirmières. La 1ʳᵉ section fut fournie par le comité central, la 2ᵉ par les comités locaux de Kyôto et d'Osaka et la 3ᵉ par ceux de Kanagawa et de Hiogo.

Un secrétaire fut adjoint à ce corps spécial d'infirmières.

L'effectif total des sept détachements et du corps spécial d'infirmières se composait de 110 infirmières et infirmières en chef. La nécessité d'une rigoureuse surveillance s'imposant plus que jamais, tant dans l'intérêt des bonnes mœurs du personnel que dans celui du bon ordre du service, notre Société plaça à la tête de ce nombreux personnel, après en avoir obtenu l'autorisation, Mᵐᵉ Takayama-Mitsu, surveillante générale des infirmières attachées à l'hôpital annexe de la Société.

Cependant, les hospitalisés de l'hôpital de réserve de Hiroshima ne faisaient qu'augmenter, à tel point que les infirmières y étaient occupées de 24 à 30 heures consécutives sans être relevées et par une chaleur très intense. Un pareil surmenage était excédant. Pour remédier à cet état de choses, qui ne pouvait et ne devait pas durer, notre Société obtint de l'autorité compétente, par une demande en date du 24 août, l'autorisation d'envoyer à Hiroshima un nouveau renfort de 6 infirmières en chef et 60 infirmières.

Les 6 infirmières en chef furent fournies par le comité central, 25 des infirmières furent recrutées par les 3 comités locaux de Yamaguchi, Hiroshima et Kagawa dans les localités dépendantes de la circonscription territoriale qui avait fourni le corps expéditionnaire en Chine et les 35 autres — à raison de 1 par comité — par autant de comités locaux, qui n'avaient pas encore donné d'infirmières à Hiroshima.

La difficulté de faire arriver en même temps à leur destination ces 60 personnes prises dans toutes les directions et la nécessité pour elles d'être exercées à certains exercices préalables pour le service coopératif en un corps constitué qu'elles auraient à remplir, cette considération décida notre Société à les convoquer d'abord à Tokyo ; elle les logea dans le pensionnat d'infirmières de l'hôpital de la Société, afin de leur permettre de se mettre bien au courant du service de garde-malade dans les salles de l'hôpital. Les infirmières, ainsi instruites, reçurent du Président de la Société de chaudes recommandations touchant leurs devoirs professionnels. Placées par dix, elles formèrent les 6 sections nos 4 à 9 (on a vu que les 3 premières avaient été précédemment envoyées à Hiroshima).

Elles partirent, le 8 septembre, sous la conduite d'un secrétaire qui leur fut attaché, pour Hiroshima, où elles arrivèrent le lendemain.

Ce renfort porta donc à 176 le nombre total des infirmières en chef et infirmières détachées à Hiroshima par notre Société, comme auxiliaires du service de santé militaire.

§ 3. — FONCTIONNEMENT DES DÉTACHEMENTS DE SECOURS ET DES CORPS D'INFIRMIÈRES.

L'hôpital militaire de réserve de Hiroshima se composait de trois groupes de bâtiments : le premier groupe formé de l'hôpital de la garnison et comprenant 10 salles de malades et 2 chambres à opérations chirurgicales ; le deuxième, formé d'une nouvelle construction contiguë au premier, et composé de 10 salles de malades, et le troisième, formé de 12 bâtiments provisoires qui avaient été construits dans un coin du champ de manœuvre de l'ouest, comme annexes provisoires de l'hôpital de garnison, ainsi que de 15 baraquements, d'une chambre à opérations et d'un bureau. Ce dernier groupe comprenait 27 salles de malades. L'hôpital disposait donc, en tout, de 47 salles de malades.

Les exigences du service à l'hôpital n'ont pas permis de maintenir à nos détachements de secours leur organisation réglementaire, d'après laquelle ils devaient servir chacun groupé en un corps, mais il fallut les diviser, suivant les besoins des circonstances, pour répartir le personnel de chacun d'eux entre plusieurs salles.

Nos détachements firent leur service à Hiroshima du 21 juillet au 1er mars suivant et eurent à y soigner 1.328 malades et blessés équivalant à 40.757 journées de traitement donné à un malade. Dans ce total, il y eut 22 malades et blessés étrangers, équivalant à 6.808 journées de traitement donné à un malade.

Voici le temps de service effectué par les différents détachements et sections, chacun pris individuellement :

DÉSIGNATIONS DES détachements de sections et des sections d'infirmières	DATES DE PRISE ou SERVICE	DATES du licenciement	DURÉE du SERVICE	
Détachements de secours N° 1	20 juil.	26 déc.	160	jours
N° 2	26 juil.	10 mars	227	—
N° 3	24 août	26 déc.	125	—
N° 4	20 août	10 mars	202	—
N° 5	21 août	8 déc.	110	—
N° 6	21 août	8 déc.	110	—
N° 7	21 août	8 déc.	110	—
Sections d'infirmières N° 1	7 août	14 nov.	91	—
N° 2	7 août	8 déc.	124	—
N° 3	7 août	8 déc.	124	—
N° 4	10 sept.	14 nov.	60	—
N° 5	10 sept.	14 nov.	60	—
N° 6	10 sept.	14 nov.	60	—
N° 7	10 sept.	26 déc.	108	—
N° 8	10 sept.	26 déc.	108	—
N° 9	10 sept.	9 nov.	60	—

Le service a été des plus compliqués et des plus accablants pour le personnel de l'hôpital, durant la période du 21 juillet au 9 septembre, où il n'y avait qu'un nombre fort restreint de médecins militaires et de gardes-malades contre un nombre très considérable de blessés en état grave dont les traitements chirurgicaux occupaient beaucoup les chirurgiens et les infirmières. Il y eut un moment où les malades et les blessés présents à l'hôpital atteignirent le chiffre de 2.026 en moyenne par jour, soit plus de 100 malades et blessés pour 1 médecin. Quelquefois les 2 infirmières travaillant ensemble avaient à soigner jusqu'à 32 malades. Constamment occupées aux soins des malades et des blessés, elles n'avaient pas non seulement le temps de se relayer, mais même encore celui de prendre leur repas aux heures régulières; elles n'avaient jour et nuit aucun répit, de sorte qu'il leur arrivait très souvent de ne pas pouvoir prendre du tout de sommeil.

Après le 10 septembre, l'arrivée d'un deuxième renfort d'infirmières ayant augmenté leur effectif et, d'un autre côté, la plupart des hospitalisés étant entrés en convalescence, le service à l'hôpital devint moins difficile. A partir de décembre, il fut encore simplifié, car les hospitalisés, allant toujours en diminuant, se trouvèrent de plus en plus réduits et atteignirent la proportion d'environ 1.6 pour une infirmière. Dans cette condition, ordre fut successivement donné à tous les détachements et les sections de quitter leur service.

Durant le temps de leur mission, les malades les plus graves furent toujours confiés aux infirmières dont les soins étaient des plus assidus, mais qui, de ce fait, avaient le plus de peine.

Au début, lorsque le service de secours souffrait encore de l'insuffisance des infirmières, les membres du comité des dames de la section de Hiroshima s'offrirent à les aider dans les salles des malades et à y partager momentanément avec elles les soins dus aux malades et blessés japonais et étrangers. Elles furent accueillies par eux avec grand plaisir.

Mais elles ne durent pas longtemps bénéficier du concours gracieux de ces auxiliaires volontaires, qui comptaient un certain nombre de femmes et de filles de préfet, de magistrats, de bourgeois, et surtout de femmes, filles ou sœurs du commandant en chef du corps expéditionnaire et des autres militaires en campagne.

D'une part, celles-ci ne devaient ni ne pouvaient abandonner indéfiniment les affaires de leur ménage pour se consacrer aux soins des malades; d'autre part, l'arrivée des renforts rendant leurs services moins nécessaires, celui-ci fut, par conséquent, suspendu. Cependant elles continuèrent par groupe de 3 à 4, tant qu'elles le purent, à vaquer à des œuvres utiles, telles que visites aux malades de l'hôpital, repassage du linge des malades et pliage des bandages sortant du blanchissage, travaux qu'elles exécutèrent au cercle militaire.

A cette époque, le comité local de Hiroshima avait 10 élèves infirmières en formation (elles avaient toutes terminé leur instruction théorique, mais n'étaient pas encore diplômées). Le président du comité, avec autorisation du directeur du service de santé de l'armée, les envoya achever leur instruction pratique — et c'était par excellence pratique — à l'hôpital, où leur concours aux infirmières de service fut d'une utilité très appréciable.

Pendant cette campagne de Hiroshima, nos personnels ont été l'objet des attentions toutes particulières de la part des autorités : le commandant de l'hôpital militaire de réserve leur a notifié que les médecins, les pharmaciens, la surveillante générale des infirmières et l'interprète seraient traités sur le pied d'officier subalterne, les infirmières en chef et chef d'escouade sur celui de sous-officier, et les infirmières seulement sur celui de simple soldat. Celles-ci étaient placées au-dessus d'un certain nombre d'infirmiers militaires exclusivement chargés des gros ouvrages concernant les malades et les salles de malades ; elles étaient, de plus, secondées dans leur service par un certain nombre de servantes attachées aux salles de malades. Il résultait de cette situation des choses que tout le monde a été heureux de faire le service et qu'il n'y a pas eu l'ombre de conflit entre personne.

Il importe de faire remarquer aussi qu'on avait établi une distinction entre les services d'infirmières en chef et de simples infirmières : celles-ci étaient soumises au service de garde-malade sous la direction de celles-là, dont la charge consistait principalement dans la constante surveillance du fonctionnement régulier du service de ses subordonnées, bien que, parfois, suivant l'allure de l'état des malades, elles-mêmes les soignaient personnellement. Elles aidaient aussi des infirmiers en chef militaires pour l'expédition des affaires de comptabilité.

Les infirmières chef d'escouade, auxiliaires de ces dernières, se relayaient avec elles pour le service de garde de nuit et les remplaçaient en cas d'absence.

L'heure de relèvement du service dans les salles de malades, primitivement fixée à 6 heures du soir, dut être changée et reportée à 8 heures du matin, après des négociations auprès du commandant de l'hôpital, à cause des inconvénients qu'elle présentait au point de vue de la discipline du personnel qui avait à regagner, à la nuit tombante, son logement commun. Il est vrai que les infirmières en chef et les infirmières chef d'escouade, toujours fort affairées et retenues au delà des heures à leurs postes, se sont rarement retirées aux heures fixées pour leur relèvement.

Les infirmières, relevées et inoccupées chez elles dans leur logement commun, étaient libres de sortir pendant le jour, avec l'obligation de déclarer cependant au bureau leur sortie et leur retour, en s'inscrivant à cet effet sur un registre spécial avec la mention des heures de sortie et de retour. Il leur était interdit de recevoir aucun visiteur ailleurs qu'au parloir, dont devait encore être exclue, après la tombée de la nuit, toute personne du sexe masculin, excepté leurs pères et leurs frères. Elles ne devaient non plus, — eussent-elles besoin de faire des emplettes, — introduire les marchands que dans une pièce spécialement déterminée pour cet effet, mais jamais dans leurs propres chambres.

Il faut dire, pour leur rendre justice, que toutes les infirmières, à Hiroshima, demeurèrent toujours fidèles à leurs devoirs de femme sans donner, durant leur long séjour dans cette ville, sujet à aucun commentaire malveillant à leur égard.

Avisée, le 2 novembre, par le ministre de la guerre qu'il y avait lieu de décharger de leur service, devenu inutile, 5 infirmières en chef, 50 infirmières et 1 secrétaire, notre Société décida le renvoi dans ses foyers des cinq sections nᵒˢ 1, 4, 5, 6 et 9. M. Shimizu, un des administrateurs de la Société, en mission à Hiroshima, fut chargé de procéder, le

9 novembre, au licenciement sur place des sections n°ˢ 6 et 9, par simplification de formalité, eu égard à leurs déplacements difficiles. Les 3 autres sections durent être rappelées à Tokyo et licenciées au comité central de la Société.

Le 3 décembre, il y eut un nouvel ordre du ministre de la guerre de congédier 3 détachements de secours, 2 infirmières en chef, 20 infirmières et un secrétaire. A cet effet, notre Société désigna les détachements de secours n°ˢ 5, 6 et 7, les sections d'infirmières n°ˢ 2 et 3 et laissa au libre choix du délégué à Hiroshima, celui du secrétaire qui serait déchargé de ses fonctions. En même temps, on remercia l'interprète inutile, après le départ des malades et blessés français, et on rappela à Tokyo la surveillante générale des infirmières.

Le 21 décembre, au reçu d'une nouvelle notification du ministre de la guerre enjoignant le licenciement de 2 détachements de secours et le renvoi de 2 infirmières en chef et de 20 infirmières, notre Société fit licencier à Hiroshima les détachements n°ˢ 1 et 3 ainsi que les sections n°ˢ 7 et 8 d'infirmières. Elle fut autorisée à rappeler alors à Tokyo le délégué qui fut remplacé par M. Kôno-Tanichi, sous-chef du comité local.

Le 1ᵉʳ mars 1901, par ordre du ministre de la guerre, notre Société procéda au licenciement des derniers détachements n°ˢ 2 et 4, dits « détachements de Hiroshima et de Tientsin »; elle chargea le délégué Kôno de cette opération. De plus, le comité central de la Société envoya à Hiroshima M. Kuroda-Kô, directeur du personnel du bureau des préparatifs de la Société, avec la mission de régler les affaires courantes relatives au service de secours de cette ville, en confiant au comité local le soin de conclure celles qui resteraient pendantes et de mettre ainsi fin à cette œuvre qui y a été poursuivie avec succès.

Pour se rendre compte de l'importance des services rendus par les sept détachements de secours et les neuf sections d'infirmières à Hiroshima, il suffirait de parcourir la lettre suivante adressée, en date du 23 octobre 1900, au Président de notre Société par le commandant de l'hôpital militaire de réserve de Hiroshima :

Hiroshima, le 24 octobre 1900.

Monsieur le Comte,

Je ne saurais trop vous remercier de votre constante sollicitude pour assurer les secours aux malades et blessés de notre hôpital : vous avez bien voulu nous mettre en mesure d'utiliser, dès l'ouverture de notre établissement, le concours de vos auxiliaires et vous n'avez point cessé depuis de nous envoyer successivement de nombreux personnels de secours, selon les besoins de l'œuvre, laquelle marche fort bien, et cela particulièrement grâce au dévouement et au zèle admirables de ces mêmes personnels.

Médecins. — Le concours d'un corps de médecins et de chirurgiens de différentes spécialités, judicieusement choisis par vous, nous est d'autant plus précieux que les médecins militaires étaient trop peu nombreux pour compléter l'organisation du service médical et pour pouvoir suffire aux besoins de divers genres de traitement.

Pharmaciens assistants. — Leurs services sont fort appréciés, aujourd'hui que nous souffrons de la pénurie de pharmaciens. Bien qu'ils soient de mérites différents au point de vue de l'instruction technique, ils font preuve d'un égal dévouement dans l'exercice de leur service.

Interprète. — L'interprète envoyé dès le début nous a rendu d'excellents services et nous en rend encore, grâce à sa connaissance du français et de l'anglais, d'abord pour les malades et blessés français, ensuite pour des malades et blessés autrichiens.

Infirmières. — Par suite d'une forte diminution des infirmiers militaires, dont la plupart ont dû suivre la division en campagne, et d'ailleurs à cause de l'affluence des malades et des blessés, vos infirmières en chef et infirmières, animées toutes d'un zèle et d'un dévouement remarquable et qui ne s'est jamais démenti, sont devenues nos auxiliaires indispensables, nous rendant d'immenses services, par des soins consciencieux et bienveillants qu'elles assurent aux hospitalisés et agissant en tout sous l'empire d'un esprit scrupuleusement exact et circonspect, qui caractérise d'ailleurs la femme en général. Les Français, par exemple, accoutumés au respect du sexe, ont été extrêmement sensibles aux soins assidus dont nos infirmières les entouraient, ce qui, il est vrai, n'a pas dû peu contribuer à l'amélioration de leur état et ils ont, à maintes reprises, manifesté leur vive satisfaction.

L'état de santé des infirmières est très satisfaisant : elles sont toutes bien portantes, sauf quelques cas de maladies des intestins ou de l'estomac et d'inflammation anale. Les quelques rares cas de maladies qui se produisent n'entravent jamais la marche régulière du service, celles que la maladie condamne à une inactivité momentanée se faisant toujours remplacer par des valides, grâce à cette entente amicale d'aide et de secours mutuels. Elles rivalisent de zèle et l'émulation est naturellement entretenue chez elles par un sentiment d'honneur qui les anime, car elles sont jalouses du beau renom des comités locaux, qu'elles représentent et qu'elles personnifient pour ainsi dire. Cette émulation est particulièrement vive dans une section d'infirmières dont chacune, représentant un comité différent, est responsable de sa réputation.

Je me dispense de vous fournir de plus amples détails sur ce sujet ; je ne vous donnerai également aucun renseignement relatif aux bonnes mœurs des infirmières, persuadé que vous avez été déjà bien mis au courant des choses, par les rapports du délégué de votre Société.

Veuillez, etc.

Signé : Matsumoto.

Voici une seconde lettre de M. Matsumoto, commandant l'hôpital militaire de réserve de Hiroshima, relative aux services signalés rendus par nos infirmières et à la vive gratitude que les malades et les blessés ont témoignée à l'occasion de leur rétablissement et de leur départ de l'hôpital :

... Je n'ai qu'à vous confirmer les renseignements que j'ai eu l'honneur de vous adresser précédemment en ce qui concerne l'état exact des médecins et des infirmières de la Croix-Rouge envoyés par vous, conformément aux ordres de M. le ministre de la guerre. Il est constant qu'ils sont entièrement et sincèrement voués au service et rigoureusement fidèles à la discipline. Il me semble que l'honneur d'un pareil résultat doit être partagé par vous qui leur avez fait de chaudes recommandations, au moment de leur départ de Tokyo, et par eux qui ont su si bien en profiter. Des mois se sont écoulés depuis lors, sans qu'on ait eu à relever aucune tâche à leur gloire, mise en relief par la presse. Cela seul suffit à vous faire connaître leur brillant service, dont nous ne saurions trop nous réjouir pour notre pays. Les louanges que les malades et blessés étrangers ont été unanimes à adresser, lors de leur sortie de l'hôpital, aux médecins et aux infirmières, ne sont pas des paroles vaines et hypocrites, mais une expression cordialement sincère de leur reconnaissance, ce que notre hôpital a été heureux de constater.

Parmi les nombreuses lettres qui nous ont été adressées à titre de remerciement pour les bons soins qui leur ont été prodigués, je me contente de vous envoyer la suivante dont vous trouverez la traduction ci-jointe.

Lettre de remerciement des soldats français.

Monsieur le directeur,
Messieurs les docteurs,
Mesdames les infirmières,
Messieurs les interprètes.

« Au moment de quitter, pour ne plus les revoir peut-être, ceux qui nous ont accueillis avec tant d'empressement et prodigué tant de soins, qu'il me soit permis de vous dire une dernière fois merci. Nous vous avons toujours trouvés prêts à nous obliger et nos désirs ont toujours été des ordres pour vous, que vous vous empressiez de satisfaire.

» Aussi est-ce le cœur plein de reconnaissance que nous vous adressons ici nos adieux.

» Merci à monsieur le Directeur pour la gracieuseté avec laquelle il nous a procuré les diverses distractions dont nous avons pu jouir pendant notre convalescence.

» Merci à messieurs les Docteurs dont le savoir fait que nous pouvons regagner nos foyers en bonne santé.

» Merci à mesdames les Infirmières dont le dévouement de tous les instants nous a si souvent rappelé les soins maternels. Dans le délire de la fièvre, plus d'un de nous a cru voir, dans la douce figure qui se penchait sur lui, sa mère ou sa sœur. Ah ! si quelques-unes sont tombées malades, c'est qu'elles se sont trop surmenées pour nous. Jour et nuit, elles répondent toujours au premier appel du malade ; aussi lorsque, rentrés dans nos foyers, nous parlerons d'elles à nos mères, à nos sœurs, tandis que celles-ci les béniront, nous, évoquant nos jours de souffrance, nous verrons leur image restée vivante en nos cœurs, et lui sourirons comme on sourit à ce qui est bon.

» Merci enfin, à messieurs les Interprètes qui, par la connaissance de notre langue, ont pu nous obliger si souvent dans nos rapports avec tous.

» Nous n'aurions garde d'oublier les Infirmiers qui, eux aussi, ont prêté leur concours pour nous prodiguer les soins nécessaires.

» Ainsi donc, mesdames et messieurs, encore une fois « merci » pour tout ce que vous avez fait pour nous, et soyez certains que les uns comme les autres, nous n'oublierons jamais ce que nous vous devons à tous.

» Aussi est-ce du plus profond de nos cœurs que monte à nos lèvres le cri de : « Vive le Japon ! »

Hiroshima, le 26 octobre 1900.

Signé : G. Nicole, J. Soubie, L. Brosillon, Mondoloni, Truc.

CHAPITRE VI

Œuvres diverses d'ordre international.

Dans le malheureux incident du Nord de la Chine, il ne pouvait pas être question de donner des secours aux malades ni aux blessés ennemis, de même que s'il s'était agi d'une guerre internationale, parce que les Boxers, dès le principe, sont irréductiblement antipathiques contre toutes les personnes et les choses étrangères. Mais notre Société, sans perdre de vue le caractère international qui est sa raison d'être, a tenu toujours à réaliser son but, soit en se chargeant des soins des malades et des blessés étrangers qui lui ont été confiés, soit en offrant son concours aux œuvres identiques des Croix-Rouges étrangères, en tant que cet acte était compatible avec sa situation dépendante et subordonnée à la direction et au contrôle des autorités navales et militaires.

Si, cependant, sa sphère d'action était limitée à quelques rares cas de concours prêtés aux étrangers, comme on l'a vu dans ce qui précède, c'est uniquement parce que les Puissances, animées d'un égal zèle pour cette œuvre patriotique et philanthropique, avaient respectivement rivalisé d'efforts en vue de venir au secours des militaires nationaux, soit par armement de bateau-ambulance, soit par l'envoi de personnel auxiliaire de secours.

Conformément au *Règlement de la Société de la Croix-Rouge du Japon sur le secours aux malades et aux blessés de la marine en temps de guerre, de juillet 1899*, ratifié par le chef du département de la marine, la Société se propose d'entretenir en permanence un corps de secours à chaque chef-lieu d'arrondissement maritime, dans le but de prêter son concours au service des hôpitaux de la marine et de remplir tous autres services auxiliaires de secours qui seraient demandés par l'autorité navale. Le comité central de la Société doit préparer le personnel et le matériel nécessaires aux susdits corps de secours. L'organisation suffisante pour pouvoir secourir 100 malades et blessés est la suivante :

Délégué	1
Médecin chef	1
Médecins.	2
Pharmacien	1
Secrétaire assistant	1
Infirmière (ou infirmier) en chef.	1
Infirmières (ou infirmiers), dont 2 chefs d'escouade. .	20
Aiguiseur	1
Huissiers.	2
Total.	30

Sur un avis parvenu au ministère de la marine immédiatement après le bombardement de Takou, disant que les troupes russes confieraient les malades aux soins des Japonais, le ministre de la marine donna à notre Société les instructions suivantes, à la date du 20 janvier :

L'hôpital de la marine à Sasebo devant recevoir incessamment des malades et des blessés étrangers, nous prions la Société de la Croix-Rouge d'expédier d'urgence à la préfecture maritime de Sasebo, pour y donner les soins médicaux, environ un demi-corps de secours, conformément à son règlement sur le service de secours aux malades et blessés de la marine en temps de guerre.

En conséquence, notre Société envoya à cette destination, le lendemain même du jour de la réception de l'ordre ministériel, un demi-corps de secours composé d'un médecin, d'un pharmacien, d'un secrétaire, d'une infirmière en chef et de dix infirmières.

Or, on fut assuré, le 23, que les malades et blessés russes annoncés ne seraient pas dirigés sur le Japon. Pour expliquer ce fait, M. Suzuki, médecin principal de l'hôpital de la

marine à Sasebo, adressa la lettre suivante au Président de
la Société :

« Le personnel de secours que vous avez bien voulu nous envoyer
de suite, en répondant à un besoin pressant que nous pressentions,
nous est arrivé sans encombre ce matin même.

Nous vous sommes vraiment reconnaissants de la rapidité verti-
gineuse avec laquelle cet envoi s'est opéré, quoiqu'elle n'ait rien
d'étonnant, vu l'ordre parfait qui règne dans tous vos préparatifs.

Mais, en même temps, nous avons à regretter que, contre toute
notre attente, il ne nous soit pas arrivé un seul malade ou blessé
étranger. Ce fâcheux contre-temps est dû sans doute à la difficulté
des communications de là-bas, sur terre comme sur mer, difficulté
sans laquelle le commandant du *Kasagi* aurait pu être prévenu à
temps du changement d'avis chez les Russes, et mis à même de le
télégraphier au ministère. Le personnel de votre Société sera retenu
ici quelque temps (de 7 à 10 jours) pour soigner nos 4 malades et
blessés et pour lui permettre de se mettre pendant ce temps au
courant du service de notre hôpital et de la situation générale de
notre port militaire, ce qui ne sera point inutile aux diverses dispositions qu'il pourrait avoir à prendre dans l'avenir, lorsqu'il sera de
nouveau appelé à servir ici.

D'ailleurs, quand l'hôpital russe à Inasa (Nagasaki) aura à recueillir des blessés, comme il est certain qu'il aura alors besoin du concours d'infirmières, notre intention est de s'entendre avec l'autorité
consulaire russe pour mettre à sa disposition quelques-unes de vos
infirmières.

J'ai tenu à vous faire la présente communication tant pour vous
expliquer le contre-temps qui nous est arrivé que pour vous remercier de l'empressement que vous avez bien voulu mettre à l'envoi de
votre personnel, suivant notre désir. »

Voici une mesure que notre Société crut devoir prendre
alors par rapport à Nagasaki et à Moji : Considérant que le
premier port est le plus proche du théâtre de l'événement de
Chine et que le second est une escale indispensable pour
ravitailler en charbon les bateaux qui sont en Chine ou qui
en viennent, et supposant la possibilité pour ces deux ports
de voir arriver des bâtiments ayant à bord des blessés étrangers, notre Société a donné, à la date du 1er juillet, les instructions suivantes aux comités locaux de la société des départements dans lesquels ces ports sont situés :

1° Tenir prêts à entrer en campagne le personnel et le matériel nécessaires à un détachement de secours ;

2° Se choisir d'avance un hôpital ou école ou temple propre à servir de logement aux malades et aux blessés et s'en assurer préalablement la possession pour le cas éventuel qui nécessiterait son utilisation.

Plus tard, notre Société donna des instructions analogues à celles-ci au comité local du département dont dépend le port de Kobé.

Le comité local de Nagasaki s'est empressé de se conformer aux susdites instructions qui lui ont été données et d'aviser le corps consulaire de la localité de la disposition prise. Cette démarche lui a valu des remerciements sincères des agents américains, portugais, anglais et français.

Le directeur de l'hôpital français de Nagasaki a bien voulu, en répondant à l'offre d'assistance qui lui a été faite par le chef du comité local de Nagasaki, témoigner de sa gratitude dans sa lettre du 15 août 1900 adressée au président de la Société.

Notre Société a eu à satisfaire le désir du chargé d'affaires, par intérim, d'Angleterre demandant, en date du 27 juillet, par l'intermédiaire du ministère des affaires étrangères, le concours d'un certain nombre d'infirmières de la Société japonaise de la Croix-Rouge pour les soins à donner aux malades et aux blessés anglais à Nagasaki. Elle lui a répondu que des infirmières ressortissant du comité local de Nagasaki seraient mises à sa disposition et elle a aussitôt fait part de cette réponse audit comité.

En prévision de la demande éventuelle de la part des hôpitaux maritimes étrangers de Yokohama, qui pouvaient recevoir des malades et des blessés venant du Nord de la Chine et manquer partout de personnel et de matériel nécessaires, notre Société a fait prendre au comité local de Kanagawa les dispositions nécessaires.

Le directeur de l'hôpital maritime allemand a écrit au président de notre Société une lettre, en date du 16 août 1900, pour le remercier de la sympathie qu'on avait montrée pour les sujets de nationalité allemande.

Plus tard, un certain nombre de blessés allemands arrivant de Chine pour cet hôpital, le directeur de cet établissement demanda à notre Société, par l'entremise du comité de Kanagawa, du matériel de transport de malade (brancards et charrettes) et c'est ainsi que, par deux fois, la Société eut l'occasion de se mettre à sa disposition. Le président de notre Société envoya, en outre, un employé du comité de Kanagawa pour réitérer au directeur de l'établissement allemand l'offre du concours d'infirmières toujours prêtes à se mettre à sa disposition. Le docteur Koch adressa une lettre de remerciements, en date du 16 juillet.

On se rappelle avoir vu (chapitre I), que les bateaux-hôpitaux le *Hakuai-Maru* et le *Kosai-Maru* ont été envoyés à Takou dès le début de l'événement et qu'une proposition de la Société, transmise par les soins du commandant de notre escadre active dans les eaux chinoises, à ses collègues étrangers, aux commandants les plus anciens en grade, a valu à notre Société un bon accueil de leur part. A ce sujet, notre Société reçut une communication du ministre de la marine, en date du 7 septembre, dont la teneur est la suivante :

Le conseil des amiraux des Puissances à Takou vient de prier le commandant Dewa d'être l'interprète auprès du gouvernement impérial de la reconnaissance de tous les commandants de l'armée et de la flotte des alliés pour les soins bienveillants qu'il a bien voulu assurer aux malades et aux blessés et qui n'ont rien laissé à désirer en mettant à leur disposition et ses transports et ses hôpitaux militaires. Le gouvernement impérial vient d'envoyer sa réponse à cette communication et nous nous empressons de la transmettre à votre Société.

De même, le gouvernement italien a bien voulu envoyer ses remerciements à notre Société, lesquels nous ont été communiqués par le ministre des affaires étrangères.

On a vu (chapitre II), que le *Hakuai-Maru* et le *Kosai-*

Maru ont transporté des officiers et des hommes de troupes français et autrichiens, soit à Hiroshima, soit à Yokohama, et qu'à l'hôpital de réserve de Hiroshima, notre personnel s'est chargé de donner des soins médicaux à 112 malades et blessés étrangers (dont 110 français et 2 autrichiens). En ce qui concerne cette œuvre, que nous rappelons ici, les dames du comité central de la Croix-Rouge française ont envoyé la lettre suivante à S. A. I. la princesse Komatsu, présidente d'honneur du comité des dames de la Société japonaise de la Croix-Rouge, pour la prier de transmettre l'expression de leur gratitude à Sa Majesté l'Impératrice, auguste protectrice de notre Société :

Paris, le 21 février 1901.

« Les dames du comité central de la Croix-Rouge française envoient à la princesse Komatsu et, par elle, à Sa Majesté l'Impératrice, l'assurance des sentiments de profonde reconnaissance dont elles sont pénétrées pour les soins donnés si généreusement aux soldats blessés, et aux malades de l'expédition de Chine, par les dames de la Croix-Rouge du Japon. »

Signé : Duchesse DE REGGIO, présidente ; amirale FOURICHON, vice-présidente ; générale VOISIN ; baronne JAMES DE ROTHSCHILD ; BOUTHILLIER-HUMANN ; comtesse JEAN DE CASTELLANE ; P. BIOLLAY ; PÉAN ; comtesse D'HAUSSONVILLE ; DE BOZY ; CHRISTOFLE ; VOGUÉ, marquise DE MAC-MAHON ; B. DE MARSANGY ; DE BIRÉ ; ABANBOURT DOMPIERRE D'HARNOY ; comtesse DE KERHUÉ ; E. NÉLATON.

À cette lettre, la marquise Nabeshima, présidente du comité des dames de la Société japonaise de la Croix-Rouge, répondit par la suivante :

Tokio, 2 avril 1901.

« La princesse Komatsu, présidente d'honneur du comité des dames de la Société japonaise de la Croix-Rouge, a reçu avec satisfaction l'assurance des remerciements que les dames de la Croix-Rouge française a bien voulu lui envoyer pour les soins donnés aux blessés et malades de l'expédition de Chine et s'est empressée de la remettre à Sa Majesté l'Impératrice.

Notre Comité profite de cette occasion pour exprimer aux dames de la Croix-Rouge française leurs sentiments de profonde sympathie. »

La Présidente du comité des dames
de la Société japonaise de la Croix-Rouge,
Signé : Marquise NABESHIMA.

Lorsque M. Hirayama-Seishin, l'un des administrateurs de notre Société, était en mission à Paris, à l'occasion de l'Exposition de 1900, le vice-président de la Croix-Rouge française lui fit savoir que celle-ci venait également de faire partir, pour le secours aux malades et blessés, 8 médecins, 15 infirmières et 15 infirmiers. Il lui demanda, comme faveur pour ce détachement, des lettres de recommandation auprès des personnels de secours envoyés par notre Société en Chine, et il ajouta qu'il voudrait lui assurer, de la part de ces derniers, un concours nécessaire en cas de besoin.

Au reçu de cette communication de notre administrateur, notre Société donna les instructions suivantes au délégué-directeur des personnels de secours en mission à Tientsin et à Takou :

Il résulte d'un rapport de M. Hirayama, notre administrateur actuellement à Paris, qu'il a été sollicité par le vice-président de la Croix-Rouge française pour faire obtenir en faveur d'un détachement de médecins, d'infirmiers et d'infirmières envoyé par elle au secours des malades et blessés français en Chine, une certaine aide et des facilités qu'il conviendrait à nos personnels de secours de lui accorder.

Je vous prie de faire le nécessaire pour satisfaire la demande qui pourrait vous être adressée à cet effet.

D'ailleurs, le vice-président de la Croix-Rouge française exprima à notre Société le désir d'avoir le concours de celle-ci, dans le cas où les malades et blessés confiés à la Croix-Rouge française pourraient être dirigés du côté de Nagasaki. Des instructions furent envoyées en conséquence à notre comité local de Nagasaki pour qu'il fût prêt à accueillir favorablement toutes demandes éventuelles. On sut ultérieurement que la Société française de secours aux blessés mili-

taires établit elle-même un hôpital de la Croix-Rouge à
Nagasaki.

Après son hivernage à Shan-Hai-Kouan, une fraction détachée de notre personnel de secours en service auprès de la Direction des T. et C. de Takou s'apprêtait, le 22 mars 1901, à
évacuer son poste pour regagner Takou, lorsqu'un regrettable
accident survenu à un officier étranger fournit à notre personnel une occasion inattendue de s'employer à un service
de secours : la veille même du jour prévu pour le départ, à
six heures du soir, on trouva, dans le voisinage du logement
du personnel de secours, un lieutenant anglais étendu sans
connaissance, par suite d'une chute de cheval ; il était gravement blessé, à la partie postérieure de la tête. Notre personnel lui porta immédiatement secours, en lui faisant subir
une opération que son état réclamait d'urgence. Le fait ayant
été signalé à l'autorité anglaise, 2 médecins militaires anglais,
accourus sur le lieu, manifestèrent la plus grande satisfaction dans leur examen attentif du traitement chirurgical et
confièrent à notre personnel la garde du sujet jusqu'au lendemain matin : notre médecin et nos infirmiers veillèrent
donc jusqu'au jour le malade, à son chevet.

Le lendemain matin, des officiers anglais vinrent chercher
leur collègue avec des remerciements cordiaux pour les soins
qui lui avaient été donnés. Ce sauvetage valut à notre personnel une lettre de chaleureux remerciements, qui lui parvint plus tard, lors de son départ de Takou, de la part du
commandant du 4ᵉ régiment de Pendjab.

Notre Société n'a pas non plus négligé, — comme on le
verra au chapitre suivant, — de consoler et de soulager les
malades et les blessés étrangers, qui étaient en traitement
au Japon, en leur envoyant des dons en nature.

Voici maintenant un fait qu'il convient de faire remarquer
ici incidemment ; il s'agit de l'impossibilité, dans laquelle
notre Société se trouvait, d'adhérer à la proposition de la
Croix-Rouge des Etats-Unis l'invitant à une entente de coopération des deux Sociétés.

C'était le 18 septembre 1900 : notre ministre à Washington adressa au ministère des affaires étrangères à Tokyo la dépêche donnée ci-après et qui fut communiquée à notre Société par M. Asada, vice-ministre des affaires étrangères.

Tokio, 18 septembre 1900.

Monsieur le Président,

« J'ai l'honneur de vous transmettre, ci-annexée, une traduction japonaise d'un télégramme que M. Takahira, notre chargé d'affaires en Amérique, vient de nous adresser, relativement au désir de la Croix-Rouge américaine tendant à l'exécution, par la Croix-Rouge japonaise, de tous les travaux dont elle (américaine) reconnaîtra la nécessité pour la Chine. Je vous serais reconnaissant de nous envoyer, par retour du courrier, une réponse quelconque à ce sujet. »

Signé : Asada.

Télégramme de la Croix-Rouge américaine (d'après une traduction japonaise remise en français).

« La Croix-Rouge américaine vient de m'écrire qu'elle désirerait faire exécuter par l'organe de la Croix-Rouge japonaise toutes les œuvres qu'elle considérerait comme devant être étendues en Chine. Elle a ajouté que les difficultés, dans ce pays, ne devant pas tarder de recevoir une solution, il n'y aurait pas désormais de nécessité d'y appliquer, sur une grande échelle les différentes mesures que comportent les œuvres de la Croix-Rouge ; mais que, dans le cas où il y en aurait, que la Croix-Rouge américaine désirerait les faire exécuter — quelle qu'en soit la nature, — par l'organe de celle-là.

« J'ai demandé au Président de la Croix-Rouge américaine de m'expliquer d'abord ce qu'elle entendait faire par là ; mais pour toute réponse, il s'est borné à me prier de transmettre ce qui précède à la Société de la Croix-Rouge du Japon. Prière de me télégraphier la réponse de cette dernière. »

Tel était le télégramme dont la Croix-Rouge américaine avait bien voulu honorer la nôtre et auquel celle-ci n'était que très sensible ; mais elle fut amenée à répondre ce qui suit au ministère des affaires étrangères, à la date du 23 septembre, car elle était persuadée que la proposition était inacceptable, à cause du rapport de notre Société avec les

autorités navales et militaires et aussi en considération de
la présente situation de Pékin.

Tokyo, 25 septembre 1900.

Monsieur,

« J'ai l'honneur de vous accuser réception et de vous remercier de
la communication que vous avez bien voulu me faire, d'une proposition émanant de la Croix-Rouge américaine, et transmise par notre
représentant en ce qui concerne les travaux de secours dans l'affaire
du Nord de la Chine.

Cette proposition de l'œuvre humanitaire qui a été faite à notre
Société ne fait que l'honorer. Mais il faut vous faire remarquer que
notre Société, se livrant à des travaux de secours dès le début de
l'événement, n'a entrepris quoi que ce soit en dehors des concours
qu'elle prête au service de santé militaire, soit transport des malades
par mer, soit divers travaux sur terre.

Travaillant toujours sous les ordres directs de cette autorité, dont
elle relève, elle n'a point d'entreprise privée.

Il est toutefois vrai qu'avant l'attaque de Pékin, notre Société avait
projeté l'installation du côté de Tientsin d'un hôpital indépendant à
elle où elle aurait voulu secourir et soigner les malades et blessés de
toutes les nationalités. Mais le cours des choses a suivi une marche
d'une rapidité inespérée : Pékin, aussitôt attaquée, a été aussitôt prise.

La conclusion des affaires est prochaine, comme ils nous le font
remarquer. Cette perspective étant loin de faire pressentir plus particulièrement la nécessité du service de secours, notre Société a
cru même devoir abandonner le projet ci-dessus mentionné.

Telle est la situation des choses qui ne nous laisse plus le champ
pour exercer notre concours ou entamer des pourparlers en vue
d'une entente, quoique nous n'en sommes pas moins édifiés de leur
généreuse intention. En ce qui concerne les secours des simples
particuliers chinois, nous savons que leur indigence est extrême et
leur misère terrible, mais nous n'avons encore pris aucune décision
à leur égard. Par conséquent, je vous serais reconnaissant de répondre à la Croix-Rouge américaine dans le sens du projet ci-joint. »

Signé : Cte Sano.

Projet annexé à la lettre du comte Sano.

La Société japonaise de la Croix-Rouge remercie la Croix-Rouge
américaine de l'honneur que celle-ci a bien voulu lui faire en lui
proposant de faire exécuter par elle les travaux de secours en Chine.

En ce qui concerne les secours aux soldats malades et blessés, la Société japonaise de la Croix-Rouge exécute présentement tous les travaux nécessaires de concert avec les services de santé des troupes impériales, elle ne voit pas pour le moment d'autres travaux dont la nécessité s'impose plus impérieusement à son attention.

Quant aux secours dus aux simples particuliers chinois qui sont dans la misère, leurs besoins étant infiniment variés et immenses, notre Société ne se croit pas encore en état de décider pour l'extension de son œuvre dans un domaine aussi vaste qu'indéfini.

CHAPITRE VII

Visites et soulagements aux blessés et aux malades.

Bien que les visites et soulagements des malades et des blessés n'aient pas été prévus par le *Règlement sur le service de secours en temps de guerre*, cet acte de charité et de justice est un sentiment tout naturel et tout spontané qui remplit le cœur de tous les sociétaires de la Croix-Rouge. Inaugurée lors de la guerre sino-japonaise de 1894-1895, cette bonne œuvre a été faite d'une façon méthodique, pendant le dernier incident du Nord de la Chine.

Le président d'honneur de la Société japonaise de la Croix-Rouge, S. A. I. le prince Komatsu-Akihito, en allant présider à Shimonoseki la remise solennelle des prix du concours des produits maritimes et fluviaux, visita les malades et blessés de l'hôpital militaire de Hiroshima ; il encouragea les personnels de secours en mission dans cette ville et passa ensuite à Kuré, où il visita les malades de l'hôpital de la marine.

Le président effectif de la Société de la Croix-Rouge avait désigné des visiteurs, chargés de visiter, au nom de tous les sociétaires, les militaires japonais malades ou blessés en traitement dans les hôpitaux de l'Empire. Ces visiteurs ne leur apportaient pas seulement de bonnes paroles de consolation, mais de plus un don consistant en mouchoirs de soie pour les officiers et en mouchoirs ordinaires pour les hommes de troupe.

Le tableau suivant donne des renseignements détaillés sur les jours et lieux des visites, sur le nombre des malades et blessés visités et enfin sur le nom des visiteurs.

Visites aux militaires japonais malades ou blessés.

DATES des visites	Emplacements des hôpitaux	Nombre d'officiers	Nombre de sous-officiers et soldats	NOMS des visiteurs	OBSERVATIONS sur les dons
6 juin	Hôpital de la marine à Sasebo.	»	4	médecin Majima secrétaire Iida } en mission à Sasebo	1 boîte de mouchoirs de coton (une douzaine).
28 juin	Hôpital militaire de réserve de Hiroshima.	7	236	Shimizu, administrateur de la Société.	1/2 douz. mouchoirs de *pongée* pour les officiers. 1 douz. mouchoirs de coton p. les hommes de troupe.
16 août	Hôpital maritime de Kuré.	»	8	Kuroda, délégué mis à la tête des détachements de secours à Hiroshima.	1 douz. mouchoirs de coton pour les hommes de troupe.
26 août	Hôpital militaire de réserve de Hiroshima.	19	799	Baron Hanabusa, vice-président de la Société.	1/2 douz. mouchoirs de *pongée* pour les officiers. 1 douz. mouchoirs de coton pour les hommes de troupe.
21 nov.	Hôpital militaire de réserve de Hiroshima.	20	1.000	Yamakami, délégué à la suite des détachements à Hiroshima.	1/2 douz. mouchoirs de *pongée* pour les officiers.
22 nov.	Hôpital maritime de Kuré.	»	70		1 douz. mouchoirs de coton pour les sous-officiers et soldats.
TOTAL	»	46	2.117	»	»

Le président effectif de la Société a fait bénéficier également les militaires étrangers malades ou blessés, qui étaient soignés dans différents hôpitaux, d'une tournée de visites faite par des visiteurs spécialement désignés pour représenter auprès d'eux tous les sociétaires japonais de la Croix-Rouge. Il a fait distribuer, à titre de don, des mouchoirs de soie et des cigarettes aux officiers, et des mouchoirs ordinaires et des boîtes de cigarettes russes aux sous-officiers ou soldats.

Voici un tableau relatif à ces visites :

Visites aux militaires étrangers malades ou blessés.

DATES des visites	Emplacements des hôpitaux	Nombre d'officiers	Nombre de sous-officiers et soldats	NOMS des visiteurs	OBSERVATIONS sur les dons
14 juil.	Hôpital allemand de Yoko-hama.	3 allem.	2 allem.	Baron Hana-busa, vice-président de la Société.	Boîte de 3 éventails pour les officiers. Boîte mouchoirs de coton (2 douz.) pour les sous-off. et soldats
28 juil.	Hôpital militaire de réserve de Hiroshima.	2 français	33 franç.	Shimizu, administrateur de la Société.	1/2 douz. mouchoirs de *pongée* pour les officiers. 1 douz. mouchoirs de coton pour les s.-officiers et soldats.
13 août	Hôpital de la marine allemande de Yokohama	2 allem.	23 allem.	Homma, administrateur de la Société.	Id.
13 août	Hôpital de la marine américaine à Yokohama	6 améric.	9 allem.		1 boîte de 300 cigarettes anglaises pour les officiers. 2 boîtes de 100 cigarettes russes pour les sous-officiers et soldats.
14 août	Hôpital russe à Oura.	5 russes	27 russes	Mabuchi, sous-chef du comité de Nagasaki.	
A reporter		18	94		

DATES des visites	Emplacements des hôpitaux	Nombre d'officiers	Nombre de sous-officiers et soldats	NOMS des visiteurs	OBSERVATIONS sur les dons
	Reports	18	94		
14 août	Hôpital russe à Oura.	»	4 français	Maluchi, sous-chef du comité de Nagasaki.	2 boîtes de 100 cigarettes russes pour les sous-off. et soldats.
14 août	Ecole des filles à Oura transformée en ambulance française.	»	77 franç.		
26 août	Hôpital militaire de réserve de Hiroshima.	1 français	76 franç.	Baron Hanabusa, vice-président de la Société.	1/2 douz. mouchoirs de soie pour les officiers. 1 douz. mouchoirs de coton pour les sous-officiers et soldats.
26 août		»	2 autric.		
8 sept.	Ambulance française à Oura.	»	24 franç.	Hattori, chef du comité de Nagasaki.	2 boîtes de 100 cigarettes russes.
30 oct.	General hospital à Yokohama	»	39 franç.	Sufu, chef du comité de Kanagawa.	1 boîte (1 douz.) mouchoirs de coton.
25 sept	Hôpital russe à Oura.	»	17 russes	Hattori, chef du comité de Nagasaki.	2 boîtes de 100 cigarettes russes.
25 sept	Ambulance française à Oura.	3 français	77 franç.		1 boîte de 300 cigarettes anglaises pour les officiers.
	A reporter	22	110		

DATES des visites	Emplacements des hôpitaux	Nombre d'officiers	Nombre de sous-officiers et soldats	NOMS des visiteurs	OBSERVATIONS sur les dons
	Report. .	22	410		
25 sept	Hôpital de Naminohira.	1 améric.	»	Hattori, chef du comité de Nagasaki.	2 boîtes de 100 cigarettes russes.
25 sept	Hôpital de Naminohira.	1 italien	»		Les dons destinés aux internés de Naminohira ont été remis par eux aux consuls des États-Unis et d'Italie.
19 nov.	Hôpital de la marine anglaise à Yokohama	8 anglais	56 anglais		1 boîte (1/2 douz.) de mouchoirs de *pongée* pour les officiers.
19 nov.	Hôpital de la marine américaine à Yokohama	2 améric.	17 amer.	Sûfu, chef du comité de Kanagawa.	1 boîte (1 douz.) de mouchoirs de coton pour les sous-officiers et soldats.
19 nov.	Hôpital de la marine allemande à Yokohama	2 allem.	14 allem.		
16 nov.	Hôpital russe à Nagasaki.	»	18 franç.	Sonoda, administrateur du comité de Nagasaki	1 boîte de 300 cigarettes anglaises pour les officiers.
16 nov.	Hôpital de la Croix Rouge française à Nagasaki.	1 français	88 franç.	Hirayama, attaché au comité de Nagasaki.	2 boîtes de 100 cigarettes russes pour les sous-off. et soldats.
TOTAL	»	37	604	»	»

Les directeurs respectifs des hôpitaux étrangers ont envoyé des lettres de remerciement pour les visites faites à leurs malades et blessés au nom de la Croix-Rouge japonaise : ce sont MM. le d^r Koch, directeur de l'hôpital de la marine allemande à Yokohama ; Herbert W.-G. Doyne, staff-surgeon in charge, British naval hospital ; G.-E.-H. Harmin, U.-S.-N, medical inspector in charge, U.-S. naval hospital ; le d^r Mècre, directeur de l'hôpital général français à Yokohama ; de Valence, délégué général de la Société de secours aux blessés militaires français ; Muller-Beeck, consul d'Allemagne à Nagasaki.

En outre, les comités locaux de la Société de la Croix-Rouge s'étaient divisé les circonscriptions divisionnaires et les arrondissements maritimes de l'Empire pour se donner au préalable les limites territoriales dans lesquelles ils étaient chargés de visiter les malades et blessés traversant ces localités ou s'y trouvant en traitement dans les hôpitaux.

CHAPITRE VIII

Dépôts de matériels.

En plus d'un dépôt de matériel que, conformément à l'article 32 du *Règlement sur le service de secours en temps de guerre*, notre Société entretient au siège du comité central à Tokyo et à celui de chaque comité local ou départemental, elle doit, en vertu de l'article 33 du même règlement, en créer de temporaires dans toutes les localités où elle en estimera la création indispensable, avec l'approbation de l'autorité militaire. Ces dépôts temporaires emmagasineront, soit pour en expédier sur le théâtre de la guerre, soit pour en avoir reçu, du matériel nécessaire et des dons en nature qu'ils auront reçus de l'un des dépôts ou de dépôts permanents de matériel ou qu'ils se seront autrement procuré.

Un dépôt temporaire de matériel doit posséder le personnel composé de :

Délégué	1
Pharmacien	1
Secrétaire	1
Aiguiseur	1
Coolies	4
Total	8

A l'occasion de l'envoi à Takou, le 1ᵉʳ juillet 1900, du *Hakuai-Maru*, notre Société sentit la nécessité de tenir ouvert, à Sasebo, base d'opérations de notre flotte, un dépôt temporaire de matériel destiné à ravitailler le bâtiment de matériel de santé, d'habillement, de literie et de tous autres objets qui devaient lui être nécessaires. Une demande, présentée à cet effet au ministre de la marine, fut autorisée par lui. Notre Société lui demanda aussi la permission de profiter, autant que cela ne nuirait à rien, du départ de chaque transport militaire quittant ce port à destination de Takou, pour que l'agent préposé au susdit dépôt puisse y charger des matériels de la même destination. Cette demande lui fut également accordée, le 12. La Société désigna M. Ogata Korekiyo, délégué p. i. attaché au dépôt temporaire de matériel de Sasebo.

Notre Société, ayant à envoyer des personnels de secours au Nord de la Chine, reconnut la nécessité de pourvoir aussi Hiroshima, qui était la base d'opérations de l'armée, d'un dépôt de matériel et présenta le 11 juillet, au ministre de la guerre, une demande qui fut accordée le 12. M. Kuroda Tsunahiko, l'un des administrateurs de la Société, fut désigné par elle comme délégué chargé de la direction du dépôt temporaire de matériel à Hiroshima.

Plus tard, le cours des événements ayant rendu inutile le dépôt temporaire de matériel de Sasebo, son fonctionnement fut suspendu le 24 juillet, après déclaration faite dans ce sens aux autorités navale et militaire, et le délégué Ogata fut déchargé de ses fonctions. Désormais, les bateaux-hôpitaux comme les personnels de secours envoyés en Chine durent se fournir de leur nécessaire exclusivement auprès du dépôt de Hiroshima, ce qui dut en rendre le service fort compliqué, car il devait s'occuper à la fois de l'expédition, de la réception et de l'acquisition de diverses fournitures et on dut adjoindre à son bureau un pharmacien assistant et un aide secrétaire.

Le 23 août, M. Kuroda-Tsunahiko fut remplacé par Yamakami-Kaneyoshi, l'un des administrateurs de la Société ; celui-ci le fut, à son tour, par M. Kono-Tanichi. Le susdit dépôt fonctionna jusqu'au 27 décembre et fut complètement évacué le 6 avril suivant.

CHAPITRE IX

Conclusions.

———

Les tableaux suivants donnent l'effectif total des malades et des blessés secourus et celui des personnels de secours occupés pendant le dernier événement du Nord de la Chine. Il faut noter qu'un même malade et blessé, successivement soigné par plusieurs corps de secours, ainsi qu'une même personne ayant servi dans plusieurs corps différents de secours, y sont représentés comme autant d'unités différentes :

Secours aux militaires et marins malades et blessés.

SERVICE DE	Effectif des malades et blessés	Equivalence aux journées de traitement d'un seul	Effectif des personnels de secours	Equivalence aux journées de service d'un seul
Détachements de secours à Hiroshima	1.206	33.949	205	21.359
Détachements de secours à Tientsin.				
Tientsin	2.382	33.797	60	9.497
Tong-Tséon	1.331	7.974	14	2.632
Shan-Hai-Kouan . .	14	630	13	507
Personnel de secours à Takou				
Takou	2.221	14.174	46	4.064
Tientsin	52	1.320	6	763
Hsi-Kou	94	2.367	14	1.342
Shan-Hai-Kouan . .	741	5.210	14	1.372
Bateaux-hôpitaux .	1.489	5.886	85	5.866
Hakuai-Maru	1.438	7.078	55	2.346
Kosai-Maru	1.292	6.142	54	1.584
Personnel de secours à Ejina. .	326	1.449	25	1.650
Total . . .	12.586	119.945	591	52.982

Service aux malades et blessés français.

SERVICE DE	Effectif des malades et blessés	Équivalence des journées de traitement d'un seul	Effectif des personnels de secours	Équivalence des journées de service d'un seul
Hiroshima.	122	6.808	66	5.617
Shan-Haï-Kouan . . .	2	14	3	21
Hakuaï-Maru.	98	638	55	816
Kosaï-Maru	27	137	53	795
Total. . . .	249	7.597	177	7.243

L'exécution des travaux de secours ci-dessus mentionnés a entraîné les dépenses suivantes :

	Yen.	Sen.
Hakuaï-Maru.	109 854	676
Kosaï-Maru	102 617	672
Corps de secours envoyés à Sasebo.	930	510
Détachements de secours envoyés à Hiroshima.	63 320	479
Personnel de secours envoyé à Ujina	3 511	670
Personnel de secours envoyé à Takou . . .	25 367	310
Détachement de secours envoyé à Tientsin . .	40 347	700
Dépôt temporaire de matériel à Hiroshima. .	5 872	418
Visites et soulagements faits aux malades et blessés.	3 441	000
Frais divers.	2 471	000
Total.	357 794	435

Pour se rendre compte du résultat satisfaisant des travaux de notre Société, il suffirait de passer en revue les lettres qui lui ont été adressées par le commandant en chef de la 5ᵉ division et par les chefs responsables des divers organes de l'armée ayant pris part à l'affaire du Nord de la Chine.

Nous donnons ci-après ces documents reproduits *in extenso.*

Lettre du colonel Sena, faisant fonctions de directeur des transports et communications à Takou, au Président de la Société de la Croix-Rouge du Japon.

Le 13 avril 1901.

Monsieur le Président,

« Le personnel de secours envoyé auprès de notre direction s'est entièrement voué au service de secours. Depuis le mois d'août dernier et par une chaleur torride comme par un froid glacial, il a toujours servi avec le même zèle. Les travaux ont été d'un succès remarquable. Les militaires et les civils au service de l'armée qui ont eu recours à ses soins seront unanimes à s'en souvenir avec une vive reconnaissance.

En signalant ce fait la veille de son départ à votre bienveillante attention, je tiens à vous exprimer ma plus profonde gratitude. »

Signé : SENA.

Lettre du chef de service médical de la 5ᵉ division au Président de la Société de la Croix-Rouge.

Le 11 mars 1901.

Monsieur le Président,

« Dès le début de l'affaire du Nord de la Chine, vous n'avez pas cessé de porter votre bienveillante sollicitude pour notre établissement. Au fur et à mesure qu'il y eut des malades et des blessés rapatriés et reçus à l'hôpital, vous y avez envoyé de plus nombreux personnels de secours pour répondre à leurs besoins.

Fidèles à vos recommandations, le délégué de votre Société et tous les autres, envoyés par elle à Hiroshima, ont exactement bien rempli leurs devoirs au plus grand bonheur des 5.000 malades et blessés japonais et étrangers hospitalisés depuis l'ouverture de notre établissement. En vous remerciant de tout cela, je vous prie de vouloir bien transmettre l'expression de ma reconnaissance à tous. »

Signé : KASAJIMA.

Lettre de l'inspecteur des étapes de la 5ᵉ division au Président de la Société de la Croix-Rouge.

Mars 1901.

Monsieur le Président,

« Les cinq détachements de secours rattachés à notre inspection et comprenant le délégué de votre Société, M. Yoshikawa, et 74 personnes se sont tout entiers donnés au service de secours sans distinctions du jour et de la nuit, et ont rendu d'immenses services à notre service de santé, ce dont je suis pénétré de reconnaissance envers eux. Lors de leur arrivée au Nord de la Chine, la paix n'était pas encore revenue. Le pays présentait un affreux spectacle dont l'évocation seule effraye encore.

Alors, nos ambulances étaient encombrées de malades et de blessés, tandis que le corps du service de santé militaire ne pouvait point suffire aux besoins nombreux et pressants. Aussi vos personnels de secours, une fois arrivés, furent-ils occupés sans trêve ni répit ! Ils durent être envoyés à l'hôpital d'étapes de Tientsin, à celle de Tong-Tséou, employés au service intérieur comme au service d'escorte des malades et des blessés. Conciliants dans leurs rapports avec les membres du service de santé militaire, ne cherchant qu'à faire leur service, toujours dociles aux ordres des supérieurs, endurants aux privations et aux souffrances, et consciencieux dans les soins à donner aux malades et aux blessés, ils n'ont pas seulement bien rempli leurs devoirs, mais encore ils ont travaillé à la gloire du pays qu'ils représentaient en attirant, par leur héroïque conduite, sur eux-mêmes et sur l'Empire, les regards admirateurs des Puissances.

Ce qui précède s'applique à tous les membres des personnels de secours, aussi bien à ceux qui étaient détachés au service sur terre qu'à ceux qui étaient rattachés à notre direction. »

Signé : Akiyama.

Lettre du général baron Yamaguchi, commandant en chef de la 5ᵉ division, au Président de la Société de la Croix-Rouge.

Mars 1901.

Monsieur le Président,

« Dès le début de l'affaire, vous avez promptement mis en service vos bateaux-hôpitaux pour recueillir à bord des malades et des blessés, envoyé des détachements de secours pour assister le service de santé militaire dans la zone d'étapes de nos opérations et faciliter considérablement les mouvements de notre division. Je ne saurais trop vous en remercier. J'ai appris, par un rapport de l'autorité compétente, que vos personnels de secours étaient toujours dévoués et zélés.

Maintenant qu'ils viennent d'être licenciés, je ne puis pas me soustraire à la juste obligation de vous rendre ce témoignage. »

Signé : baron Yamaguchi

S. M. l'Impératrice, auguste protectrice de la Société de la
Croix-Rouge du Japon, daigna prononcer l'allocution suivante devant plus de 30,000 membres de la Société réunis
en leur 10ᵉ assemblée générale à Tokyo, le 9 juillet 1901 :

*Allocution prononcée par S. M. l'Impératrice
à la 10ᵉ assemblée générale de la Société.*

« Aujourd'hui que la Société de la Croix-Rouge du Japon
» se réunit en sa 10ᵉ assemblée générale, Nous sommes heu-
» reuse de vous y voir réunis. Nous avons la satisfaction
» d'avoir eu à constater le succès obtenu par notre Société
» dans ses travaux de secours de l'année dernière, à l'occa-
» sion de l'affaire du Nord de la Chine, et de sa prospérité de
» plus en plus croissante. »

En terminant le présent rapport, il y a lieu de faire obser-
ver que, si l'événement qui vient de se dérouler dans le Nord
de la Chine a nécessité le recours à la force de la part des
puissances intéressées, cette action militaire, qui fut la conséquence de leur légitime intervention, ne saurait être consi-
dérée comme une guerre proprement dite entre nations.

En conséquence, il serait impossible de tirer, des résultats
récemment obtenus par la Société de la Croix-Rouge du
Japon, dans ses travaux de secours, une conjecture applica-
ble au temps de guerre, mais il n'en est pas moins vrai qu'ils
nous permettent d'espérer un plein succès pour l'exécution
de ces travaux dans une éventualité ultérieure.

Signalons un seul résultat parmi ceux qui viennent d'être
réalisés par notre Société, et dont la portée est considérable :
celui de nous avoir prouvé que le *Règlement sur le service
de secours en temps de guerre*, établi à la suite des expériences de la guerre de 1894-1895, n'offre aucune difficulté
d'application.

TABLE DES MATIÈRES

LA ROCHELLE, IMPRIMERIE NOUVELLE NOEL TEXIER.

www.ingramcontent.com/pod-product-compliance
Ingram Content Group UK Ltd.
Pitfield, Milton Keynes, MK11 3LW, UK
UKHW022048170726
13837UKWH00002B/851